歴史文化ライブラリー

2

歴史と民俗のあいだ

海と都市の視点から

宮田　登

吉川弘文館

目次

海からの視点

黒潮と民俗

国境の海から

海からの視点

〝新・海上の道〟へ

民俗学における海の視点を明確に提示したのは、柳田国男だった。周知のように、彼は七七歳の記念として、その時点の最大関心事として

柳田国男の関心

八項目の研究テーマをかかげた。

すなわち(1)寄物《よりもの》のこと、(2)海豚《いるか》参詣のこと、(3)子安神と子安貝のこと、(4)みろく船のこと、(5)鼠の島のこと、(6)黒モジという木のこと、(7)小豆《あずき》を食べる日のこと、(8)霜月祭のこと、である〈柳田国男「知りたいと思ふ事二三」『海上の道』筑摩書房、一九六一年〈『定本柳田国男集』一、筑摩書房、一九六三年、所収〉〉。明らかにこのうち(1)から(5)までは、とくに海と深く関わっており、「海上の道」の民俗的事象の追究の眼目となる。

この発想は、毎年定期的に浜辺に打ち寄せられてくる漂流物が、沿岸に住む人々にさまざまの影響を与えていたと予想したことにもとづいている。そしてそれが海に対する日本人のイメージとなっていると考えたのである。

柳田民俗学の帰結点

波照間《はてるま》島から八重山《やえやま》、宮古《みやこ》の島々をへて、沖縄本島におよび、さらに奄美諸島から南九州に至るまでの島々は、いずれも黒潮に洗われており、これら南島の島々を稲をたずさえて北上したのが日本人の祖先たちだという「海上の道」の構想は、柳田による周知の学説である。そのポイントは、日本列島への移住以前に、まず漂着があり、その結果南島の宝貝の存在を知って、その魅力に惹かれ、稲の種子をもって移住してきたというのである。さらに稲の栽培に適する土地を求めて、つぎつぎと南島からさらに北上していったとする。彼らは、海の彼方《かなた》にニライカナイ＝常世《とこよ》という他界観をもち、稲魂《いなだま》再生の信仰をいだいていたというもので、この仮説は日本人の原郷を南島に求めた柳田民俗学の一つの帰結点とみなされている。

貝の道

しかし、周知のように柳田の仮説については、考古学や言語学からの批判が強く、実証性に欠けるものとして十分に評価されないまま現在に至っている。ただ黒潮の源流は北赤道海流の一分派であり、それはミンダナオ海流となって赤道反流に続いており、この海流にのって漂流すれば、魚をとり雨水を飲んで一ヵ月くらいは生きていけるといわれている。だから島々を渡って行くならば、貿易風と黒潮によって容易に人間の移動や物質の流通は可能だったことが立証されている。そして榕樹《がじゅまる》や檳榔樹《びんろうじゅ》・浜木綿《はまゆう》などの植物分布は、明らかに黒潮による種子の伝播《でんぱ》が反映しているのである。

ところがこれまでの考古学上の知識では、弥生文化はむしろ北から南下する方向をとっているのであって、柳田の「海上の道」は成立しないことになる。ただ近年北九州の遺跡から出土するゴホウラやイモガイの貝製腕輪は、当時の支配者層が着装していたことが明らかにされており、これらの貝類の生息地はいずれも黒潮海流域であることから、南島でとられた貝が北九州に運ばれ、加工されたという、いわゆる貝の道が想定されたのである。

また南島のアワやイモを主作物とする畑作農耕は、雑穀・根栽型であり、それが南からしだいに北上するルートの存在も想定されている。

赤米とホイトウ

佐々木高明・渡部忠世らは、このことに加えてさらに南方からの稲の伝来の可能性を示していわゆる〝新海上の道〟を提示した。その根拠の一つは、種子島の宝満神社の神田で栽培されている赤米《あかごめ》の存在であった。この赤米が南方系の稲であることが、渡部忠世によって指摘されている。赤米は長い芒《のげ》と高い草丈、太い稈《かん》をもち水田でも畑でも栽培される。

これと類似の稲はインドネシアのブルとよばれるものであり、それはジャポニカ型の稲に近い性質をもっているといわれている（渡部忠世「宝満神社の赤米と踏耕」『海と列島文化』五、小学館、一九九〇年〈『稲の大地』小学館、一九九三年、所収〉）。興味ぶかい点は、沖縄でも大正期以前には、このブルに類似する稲が栽培されていたという事実である。この稲は、現在でもフィリピンのミンダナオ島から東部インドネシアの島々などの黒潮文化圏に分布している。このブルに似た赤米が黒潮にそった日本の南西諸島にも点在していることは明らかであり、それが、〝新海上の道〟の一つの根拠となっている（同前）。そしてこの赤米栽培の農耕技術は、たとえば種子島でかつて行われていたホイトウという馬や牛を水田に追い込んで行う踏耕《とうこう》なのである。踏耕は南島の稲作技術の一つの特色であり、赤米栽培に深く関わっていたことが注目されている。

このホイトウが種子島以南の島々に多く行われ、以北にはなかったという点は、渡部の解釈によると、ホイトウの技術が日本の水田稲作の一般的系列に属していなかったことになる。柳田国男は、海上の道と、中国江南地帯の稲作が南西諸島をへて北上していくことをオーバーラップさせようとしたわけであるが、それはかならずしも論証されなかった。しかし中国江南地方とは直接関係しない南島から、赤米と踏耕とがセットされて伝播したとする〝新海上の道〟が、ここに提示されることになったのである。この考えは柳田の「海上の道」とは別の角度から一つの方向が示されたことになる。その点をさらに以下敷《ふ》衍《えん》してみたい。

7

餅なしと里イモと赤米

餅なし正月

たとえば〝新海上の道〟から連鎖反応してくる餅なし正月の問題がある。

これは民俗学上大きな課題をもつ対象とされてきた。その定義については、坪井洋文による「正月元旦を起点としたある期間に、餅を搗《つ》かず食べず供えずという禁忌を継承している家、一族、地域のあること」が適切であるとされている（坪井洋文『神道的神と民俗的神』未来社、一九八九年）。餅は正月に不可欠のハレの食物として考えられるのが常識であるが、その餅を用いないという実態があり、その内容に地域差が見られる。正月にまったく餅を搗かない、餅は搗いておいても元日から三ガ日あるいは七日までは食べない、正月の餅は松の内を過ぎてから搗く等々、列島各地からの報告例は多様である。

餅なし正月の由来を説明する伝説のなかで、「餅つかず」のモチーフが注目された。かつて先祖が落ちのびてきたのが年の暮れまたは正月であったので、餅の準備をすることができなかった、そこで子孫たちは先祖の苦労をしのんで餅を搗かない、という伝説が軸になっている。そしてそのタブーを破った場合のいろいろと不吉な事例が語られていた。そのなかで象徴的なのは、餅が血のように赤く染まってしまう、あるいは、真っ赤になって溶けてしまったとか、餅から血が湧き出てきた、などという表現である。この血染めの餅は、落人《おちうど》や旅人が土地の者に殺されたための血であるといういわば横死《おうし》に伴った祟《たた》りが発現している。こうした由来伝説がくり返し伝えられることによって「餅つかず」の慣習はしだいに定着したと考えられている。

餅なしと畑作文化

この「餅なし正月」を稲作の餅正月に対比させて畑作文化を定立させることにより、日本の民俗文化の全体像をとらえようとした坪井洋文の学説は、あえて畑作の文化類型を定立することの当否についてなお議論の余地があるとされていることもたしかである。

たとえば「餅なし」と称しても、決して餅を完全に否定したのではなく、元旦に餅を規制して三ガ日後には解禁されていることや、餅のかわりにめんやイモが用いられることと併行して、餅とともにイモやめんが儀礼食として組み合わされている事実がきわめて多いことから、餅なしは、あくまで餅正月を基盤にして成立したものだという見方もとられている。つまり餅だけでなく、イモやめん類を用いる複合的性格は本来正月に備わっている属性だということになる。これはまた、雑煮《ぞうに》の具となる餅が主であり、餅なしと称される地域の分布が、餅を雑煮にする稲作優先地域に限定されていることからも類推できる。長野県の正月三ガ日の儀礼食を詳細に分析した安室知も畑作文化の存在に対して疑問を呈しており、生業技術の選択的複合の上に成り立つ民俗文化としてとらえようとしている（安室知「餅なし正月・再考」『日本民俗学』一七四、一九九二年）。

餅と雑煮

雑煮に餅を入れて食べる習慣は、今ではごくあたり前になっているが、初期には、餅の入らぬ雑煮の方が優勢であったことも明らかだった。江戸時代の『松屋会記《まつやかいき》』にみられるように雑煮の中味はヤマイモとクワイであり、雑煮と同一視されている烹雑《ほうぞう》の中味は、サトイモ・ゴボウ・シセン・モチとある。また、都丸十九一は、雑煮に餅が主体となる食習は中世末から近世初頭のころと推定している（都丸十九一「餅なし正月と雑煮」『日本民俗学』一七四、一九九二年）。群馬県下の城下町高崎では、江戸時代、商家は正月にはソバとウドンが中心で、雑煮は武士社会にかぎられていた。つまり江戸などの大都市の影響をうけた地方の城下町では、雑煮は武士の食物として普及しており、一般には、むしろ餅なし正月の状況だった。仮に餅を食べても、それはカゲモチ・カクレモチなどとよばれ、神供《じんく》にはできなかったという。都丸十九一の家には、「うちの正月様は、餅を煮る匂と焼く匂が嫌いだ」という言い慣わしが伝えられていたという。

イモ・ダイコン・ソバ・ウドンの雑煮は、いずれも畑作物によるわけであり、しかもそれが餅雑煮以前に用いられていたという事例は、中世末から近世初頭にかけての時点にみられるのであるが、調査対象となっているのが群馬県下だけなので、今後の比較事例をまちたい。とりわけサトイモ・ヤマイモについては、これがともに太平洋沿岸部における諸民族の主要食物であることが注目される。

イモのフォークロア

大林太良は、儀礼食品としてのサトイモが、揚子江中流の水稲耕作民であるタイ文化に属すると同時に、東南中国に分布をもつ越《えつ》文化において発達したと推定している。この地域ではサトイモが正月と八月十五夜の儀礼食になっているが、全体の分布状況は不明確であり、とくに正月のサトイモの位置づけは、当該地域において不十分であるという資料的制約がある。むしろ、焼畑農耕文化で栽培されたサトイモが水稲栽培地帯の沿海地方の越文化に吸収され、儀礼食に組みこまれていったのではないかと推察している。水稲耕作文化の一部としてのサトイモ文化は、ムギ・アワを含めた畑作が前提にある。すなわちオカボなどの畑作にイモが加わったことによって、サトイモに象徴的価値を置こうとする儀礼文化が日常生活に浸透したとみるのである（大林太良『正月の来た道』小学館、一九九二年）。

山口県大島郡東和町和田の旧家である小野家には、『代々申次之記録』という同家の歴史を記録した文書がある。この家が紀伊国より移住してここに居を定めたのは中世の段階であった。伝説によると文安年中（一四四四〜四八）というが、家例では現在でも大晦日には灯明をあげないし、正月の餅をたべない。移住したときが大晦日で、年神に灯明を上げられなかった、つまり神祭りができなかったためという（香月洋一郎『東和町誌』一、一九八六年）。こうした事例がさらに各地で積み重なっていくと、家例で語られる餅なしの意味がより深く追究できると思われる。すくなくともモチとイモとが文化類型として複合している様態は歴史的経過によるものであるが、坪井説のように焼畑農耕文化を体系的に打ち出しにくいという評価はあるにしても、儀礼食に餅ではなくイモ・ソバなどの畑作食物が選択されている事実は無視できない。そこにはそれなりのフォークロアが伴っているからである。

赤色餅の忌避

前述のようにいわゆる餅なしの民俗事例のなかで、ドラマティックに語られるのは、大晦日の夜に異人殺しがあり、血染めの餅は殺された異人（旅僧・貴人・落武者など）の怨念のこもるものとして発生したという伝説である。餅を搗くと血で染まるのは、赤色が象徴となっているわけで、坪井洋文は、これを正月餅の白色に対比される儀礼食の色として位置づけた。赤を血として死や惨殺が連想されることは、赤色の食物がメタファーであることを予測させる。赤色について、坪井は火のイメージ化としてとらえ、餅なし正月の基本原理とみなした。すなわちそこに火の霊力にもとづく原初の観念形態を担う焼畑農耕集団を想定したのである。日本の焼畑は、アワ・ヒエ・ソバなどの雑穀類、大豆・小豆などの豆類、イモ類、ダイコン・カブラなどの根栽類を主要作物としているが、そのうちイモが代表格に位置づけられたのは、サトイモの特性によるものだろう。たしかにサトイモの生産量は畑作物のなかでは抜きんでている。しかし坪井が、儀礼食における赤色の投影に焼畑農耕の火を想定したのはそれなりに興味ぶかいが、なお検討の余地があるだろう。

というのは、赤の着色は小豆によることが多いからである。ウルチ米に少量の小豆を入れて搗いたアカモチ、白色のウルチ米だけを搗いた餅に小豆のあんこをつけたアカモチなどがあり、福島県相馬地方では、正月三日間はアカモチを食べたという。このほか餅に紅をつけたり、赤飯にしたり、小豆飯《あずきめし》をつくったりしている。ウルチ米を買えないほど先祖が貧乏であったということから小豆飯にしたということが多く、この場合、死とか血のイメージは表われていない。重要な点は、白い飯を食べないこと、つまり白米を忌避していることである。

赤米と白米

そこで、小豆による赤色の餅あるいは米を食べることは、そのベースに赤米の存在をクローズアップさせることになるとは考えられないだろうか。

柳田国男は、「米の飯や粥の色を花やかにして、食べる人の心を改ましめる為に」小豆を使用するに至ったと類推し、「小豆を食べる日」に注目した。特別な食物を使って、生活態度が変わることを銘記させる意図があることを認め、「亜細亜《アジア》東部の米作地帯に、小豆を栽培する種族が数多く列挙せられるのは、単なる偶然の流布状態では無いのではないか。今ある赤米の起源と展開とが将来なほ少しく研究せられて行くならば、この二種の穀物の相関と連絡とが次第に明かになることと私は信ずる」(柳田国男「稲の産屋」『海上の道』筑摩書房、一九六一年〈『定本柳田国男集』一、筑摩書房、一九六三年、所収〉)といい、小豆の赤と赤米の赤とが共通心意の上で関連し合っていることを示唆したのである。柳田自身には赤米の存在を白米に対置させるほどの研究はなかった。それでも赤米は産量が白米にくらべて少ないが、東北地方では水稲として収穫されており、寒気によく耐え、かつ赤飯に適することを指摘している（柳田国男「タウボシに非ざる赤米」『郷土研究』四－八、一九一六年〈『定本柳田国男集』三〇、筑摩書房、一九六四年、所収〉）。

赤米は、玄米の種皮《しゅひ》の部分に赤色色素を含んだ米で、南アジア・東南アジアに普遍的に分布しており、日本古代のジャポニカの稲の一つに比定されている。中世以降にも各地に栽培されたが、近代以後激減する傾向にある。わずかながら栽培されている地域は残存しているが、稲作が伝播したあとにどのような経緯をたどって赤米から白米中心になっていったのかは立証されていない。

静岡市内にある今川義元の首塚伝説に伴って、赤米の話がある。義元の首を洗った首洗い池の水をうける水田には、かならず赤米が混じるという。これは今川義元の血によるものであり、義元の怨霊《おんりょう》が赤米に化したという伝説なのである。赤米は水田でも畑でも両方できることは知られている。日本では、沖縄から鹿児島、熊本、高知県により多く分布するが、さらに北上して西日本の瀬戸内海側から中部日本、関東地方をへて東北地方に至っている。大正五年（一九一六）の前出の『郷土研究』の柳田の記事では、青森県の事例が記録されている。赤米は水稲の種類であり東津軽郡に多く作られていて、産量はトウボシほどではないが、寒気によく耐え、赤飯に用いられるというのである。

ところで民俗文化論として注目されるのは、稲の品種はともかく、儀礼食に赤色が用いられることの意味であった。小豆飯や赤飯は白米を染めたものであり、赤米ではないが、シンボリックな意味を共通にしている。先の事例のように赤米の赤を血のメタファーとみなし死者の怨霊がもたらしたとするばあい、異物として排除される対象となった赤色の餅が、その背後に赤米文化を担っていることを想像することはできるかも知れない。餅なし正月は、血染めの赤餅を排除の対象としていたが、一方では白米が赤米を包摂し併存させることによって、赤飯や小豆飯、赤色の餅の民俗を形成していることにもなるのだろう。

日本人が水田稲作の白米を選択して以来、餅なし正月は、雑穀を中心とした畑作文化の存在の根拠を強調することになったが（坪井洋文『稲を選んだ日本人』未来社、一九八二年）、これを白米と赤米の対比と融合という主題にとらえなおすことによって、餅なし正月における赤色の排除の因由も説明されてくるのである。すなわち赤米は消滅の方向をたどりつつも、赤飯・赤餅となって依然再生しているものと読みとることができるのではあるまいか。

こうした赤米のルーツを探っていくと、海上の道である黒潮の発生地点の周辺地域にたどりつく。黒潮は発生地点から、フィリピン・台湾沖から北上して奄美大島の北西方で分かれる。そして九州西方海上から日本海を北上する対馬海流と、一方太平洋沿岸を通っていく黒潮本流とは、ちょうど日本列島をぐるりと囲繞《いじょう》するようなかっこうとなる。

海の彼方の「常世《とこよ》」

こうした海流を眼前にして、柳田や折口信夫《おりくちしのぶ》が設定したテーマは、海の彼方の世界であった。海の彼方の行きつくところに「常世」というユートピアの存在がある。たとえば若者が浜辺に立ち海の彼方を眺めるとき、彼は、波濤をのり越えて渡来した先祖たちと彼らを生んだ母親たちの残っている故郷の地を追慕するだろう、と折口は想像する。そしてその思いが、異郷の地に生活する子孫たちの潜在意識のなかに伝承されて行くのであろうと、折口は考えた。そして彼らの故郷の地を「常世」に想定し、「常世の浪」が海流となって押し寄せてくるという想念は、これまた柳田の描く「海上の道」にもオーバーラップしてくるのであった。

黒潮の海流が日本列島に接近したあと、大きく東方にカーブする地点に茨城県の「鹿島」があり、いわゆる鹿島灘がその海域となっている。そこにたどりついたという「みろくの船」は、現在も踊られている鹿島踊のなかに歌いこまれ、同様の類例は沖縄八重山諸島にあることもよく知られている。鹿島踊のモチーフはそれにとどまらず、鹿島灘から相模灘にかけて、鹿島神人《じにん》が活躍した範囲内に分布している。すくなくとも黒潮本流の洗う太平洋沿岸では、「みろくの船」と同様なモチーフが発生する信仰的事実に事欠かないのである（田辺悟「東海地域における漁撈民俗文化の特性」『静岡県民俗学会誌』一三、一九九三年）。

「常世」なるユートピア

海上の道は、柳田や折口のいだく詩的ロマンの世界をこえて、はるか広域にわたる民俗文化論として展開していく志向があった。たしかに隣接諸学の批判をうけたが、あらためて海の視点を定立するならば南方から北上していく、文化の伝播の筋道は決してとだえることはない。白米の伝播というより黒潮のもたらす文物の系譜を考えるとき、柳田民俗学を超えてさらに学際的な色合いを濃くした〝新海上の道〟の登場は重要であろう。民俗文化として把握できる日本文化のコスモロジーとしての「常世」なるユートピアは、海の視点をもつことによって、しだいに明確化していったことはたしかなのである。それはまた白米の種子と先祖だけにこだわらない多元的な民俗文化論として論じられるべき性格を提示しているのである。

黒潮と民俗

海の贈物

黒潮のフォークロア

柳田国男が七七歳のおりに、海と列島文化とのかかわりの解明は日本文化にとって大きな課題となる、と説いて久しい。これは、民俗学上の具体的な事象として、海の彼方から毎年、おおよそ季節を定めて浜辺に打ち寄せてくる寄物《よりもの》の軌跡があって、究極には、その背後に広がっていく海上の道をたどり日本人の祖先のルーツを求めようとしたこととして、よく知られている。

日本人の先祖が黒潮系の海流と深いつながりをもって、南方からやってきた人々であることの当否はさておき、この暖流によっていろいろな種子が運ばれてきた。たとえば、榕樹《がじゅまる》・檳榔樹《びんろうじゅ》・浜木綿《はまゆう》などの植物分布が太平洋沿岸各地にあることは、この黒潮流域沿岸の一つの特徴となっている。

また、黒潮に浮かぶ島々を南下していくと、それが遠く赤道に近い熱帯にまで及ぶことから、広く南洋を含む黒潮文化のなかに、列島文化を位置づけることは、きわめて興味深いものがある。

とりわけ、台湾から沖縄の八重山《やえやま》・宮古《みやこ》諸島、南九州、四国、紀州をへて、伊豆半島、伊豆七島、房総半島に至る、黒潮文化の存在については、これまで人文諸科学が注目してきたことであった。

海上の道は、風と潮流によって偶然発見されるケースが多いが、寄物・漂着物がとくにその指標となってくる。柳田はかつて、椰子《やし》の実の壺や盃に注目したが、寄木《よりき》、寄石《よりいし》、魚類・海獣の残骸《ざんがい》などから、イルカ参詣《さんけい》、みろくの船、ねずみの海渡りなどのフォークロアについても、注目していた（前掲『海上の道』）。

イルカ参詣

イルカ参詣とは、イルカの大群がいっせいに同じ方向へ移動する習性にもとづく命名である。そうした海上の道をたどって訪れてくるイルカの群れに、神秘的予兆を求めた記録は多い。伊豆地方には古来、イルカ参詣があり、一方では、イルカの追い込み漁が盛んに行われていた。

静岡県東伊豆町稲取《いなとり》（賀茂《かも》郡）の海岸には、高さ一メートルほどの「鯆霊《いるかれい》供養塔」があり、その側面に「文政十丁亥年（一八二七）」の年号、台座には「当村漁村中　世話人　三町若者」などの銘文が刻まれている。

漁民は本来、

従来、漁民は海豚《いるか》を指して神物とし、捕れば即《すなわち》祟《たた》りありと称し、或《あるい》は其他の漁獲あるは、海豚之《これ》を逐《お》ふて海浜に至るものなれば、若《も》し他魚海岸に近づかざるものと盲信し、敢《あえ》て之が漁獲を試みざる（農商務省水産局編『日本水産捕採誌』一九一〇年）。

という観念が一般的であった。しかし、伊豆をはじめ、相模《さがみ》（神奈川県）・能登《のと》（石川県北部）・肥前《ひぜん》（佐賀県と長崎県の一部）の一部ではイルカ漁が行われており、その美味な肉は、食糧事情悪化の時期には、少なからず役立っていた。

しかし、イルカの姿態や習性が人間に身近に感じられることもあって、イルカ漁を行う地域では、一方で、イルカ供養も盛んに行われてきたことは事実である。

熱海市網代《あじろ》に残る伝説によると、その昔、網代の漁師が引いた地曳網《じびきあみ》に木造の地蔵がかかり、それを本尊にして、栄圃《えいほ》寺という寺が建立された。地蔵がかかった網がイルカ漁に使うものだったので、「鯆《いるか》地蔵」と名づけられ、毎月、イルカの初物が供えられ、大漁が祈願されていた、という（後藤江村『伊豆伝説集』郷土研究社、一九三一年）。こうした話も、イルカが他の魚類とは異なって、神聖視されていたことを物語っている。

イルカ漁の行われていた地域は、全国的にも限定されている。黒潮の打ち寄せる太平洋沿岸部のほうでは、伊豆半島が突出しているが、一九九〇年に、イルカが押し寄せ、遠浜にのり上げたため大量死したという、長崎県下五島《しもごとう》の浜辺（南松浦郡《みなみまつうら》三井楽町《みいらく》）あたりでは、すでに江戸時代初期から、イルカの追い込み漁が行われていた。この地域では、『肥《ひ》前州《ぜんしゅう》産物図考』に、「漁人の江猪《いるか》の群れヲ見付ると勢子船《せこぶね》ヲ出し、沖よりそろ〳〵とおどして己《おの》が浦々へ追ひよする也」と記されているように、かなり組織的なイルカ漁が行われていたのである。

伊豆地方も、五島列島もともに、大量のイルカを捕獲する漁法があり、それは、東と西とでは同時発生的に生じたように思われる。イルカを神聖視しながらも、一方では、イワシを追ってきたイルカの群れを、当初は鰯《いわし》網を使って獲り、次第に組織的に捕獲するようになっていき、食料の需要にも応じるようになっていったのであろう。いずれも、イルカの群れが、集団参詣になぞらえられるようなしかたで、黒潮の北上に伴い、海上の道を伝わってやってきた結果なのである（中村羊一郎「イルカ漁をめぐって」『海の民俗誌』静岡新聞社、一九八八年)。

ところで黒潮に沿って海亀もやってきた。静岡県御前崎《おまえざき》(榛原郡《はいばら》)にやってくるアカウミガメは、とりわけ有名である。暗礁と砂浜からなる御前崎の海岸は、海亀には好適な産卵場所であり、五月下旬から八月にかけて、

海亀とカメノマクラ

海亀は上陸して産卵し、やがて海へ戻っていく。毎年同じ時期にくり返す海亀の産卵は、身近に観察する漁民たちにとって、神秘的な存在であった。かつて御前崎の漁民たちは、死んだ海亀を見つけると、そこに亀塚をつくって祀《まつ》った。地曳網にかかって死んだ海亀の塚を築いて亀塚に祀ったという伝承は、あちこちで聞かれる。

御前崎町女岩《めいわ》の松尾家の屋敷神《やしきがみ》は海亀であり、祠《ほこら》の前にはカメノマクラなども供えてある。『静岡県史　民俗篇』遠江《とおとうみ》(静岡県史編さん委員会編、一九九一年)によると、松尾家の当主はかつて鰹《かつお》船の船長であり、「亀は漁をさせくれる」ことから祀ったのだという。カメノマクラは、海亀が頭をのせていたという流木で、昭和三二年(一九五七)夏、松尾家の当主が硫黄島《いおう》(東京都小笠原市庁、硫黄列島中の主島)近くで、このカメノマクラを発見した。そして、カメノマクラを見つけたとたん、その場で、じつに三〇〇〇貫(一一・二五トン)のカツオを釣り上げることができたという。そのとき、死にかけていた海亀を網

で拾い上げ、家に連れて帰り、死後、亀塚に祀りこめたのである。松尾家のカメノマクラは、直径四〇センチ、長さ三・五メートルもあった。

カメノマクラは、キツキ（木付き）とも称し、これにはかならずカツオの群れがついてくるともいわれ、亀塚とともに祀られるようになったのである。一般にカメノマクラも、亀が死にかけているときには、一緒に持ち帰り、祀りこめるのがよいとされている。なお、亀が元気な場合には、カメノマクラの方だけを拾い上げ、代わりに板切れを海中に投じてやるという。また、亀は劫《こう》をへると神通力《じんつうりき》がそなわるという信仰も、漁師たちの間にはある。亀塚に祀った海亀の霊や、海亀の寄りついた流木などは、いずれも神聖視されており、漁の守護霊として、崇《あが》められているのである（同前）。

黒潮に乗ってやってくる海亀の分布については、大隅《おおすみ》半島（鹿児島県南東部）以北にアカウミガメの産卵が多くみられることから知られている。なかでも、伊豆諸島や御前崎地方などが目立っている。

南西諸島の海亀の民俗の詳細については、すでに川崎晃稔によって明らかにされている（川崎晃稔「海亀の民俗」『海と列島文化5　隼人世界の島々』小学館、一九九〇年）。興味深い事例は、亀卜《きぼく》に用いられる海亀の存在である。これは、古代の宗教社会において海亀の霊性の強かったことをよく示している。伊豆諸島でも、八丈島において、明治初年まで亀トが実修されており、大きさ五尺（約一五一・五チセン）ほどの大亀の甲羅《こうら》をはいで用いたという。

さきのイルカにしろ海亀にしろ、それに伴って、イワシやカツオが大漁になるという現実があり、その霊異あるいは予兆が、尊重されたのである。

イルカ・海亀・流木の霊異

海辺に住む人々の生活に恵みをもたらす霊物のひとつに、大風のあとかならず漂着する流木がある。流木が漁村の貴重な燃料となることはよく知られているが、それが神木視される伝承も数多くあった。それが寄木神社となったり、漂着仏として本尊となった社寺など、枚挙《まいきょ》にいとまがない。

単純な寄木が、さらに語りの素材となると、さまざまなモチーフがそこに生まれている。御前崎の駒形神社の祭神などは、九九頭の馬に乗って海を渡ってきたが、遠州灘《えんしゅうなだ》の荒波によって溺《おぼ》れてしまい、岩石に変じた。しかし、そこへ泳いできた亀に背負われて、この地に上陸した、という縁起を伝えている。また、浜松市白羽《しろは》の春日《かすが》神社の祭神は、白鹿にのって海上を渡ってきたと伝えられており、ここでは、亀や鹿・馬など神霊の乗物が、いずれも神の使令として位置づけられている。磐田《いわた》市鎌田《かまだ》の鎌田神明宮の祭神は、まず伊勢《いせ》国（三重県）から白羽の矢が飛来し、続いて海上から神船が出現して、現在地に矢・鎌とともに鎮座したと伝えられている。

神の船とミロク

黒潮と神の船

かつて柳田国男が「知りたいと思ふ事」としてあげたなかのひとつに、「みろく船のこと」があった。これは、明らかに、黒潮に乗ってやってくる寄物《よりもの》の延長線にある神の船のことであった。ミロクは南方の八重山《やえやま》群島では、ニローイ神、すなわちニライカナイから渡来する神として位置づけられているが、東海の沿岸から鹿島《かしま》地方（茨城県南東部）にかけてある「みろく」については、いまだ不分明の部分が多い。明らかに神々が船にのってやってくるわけであるから、神霊の乗物としての「みろくの船」のとらえ方が、まず問題となろう。

船の登場する民俗儀礼は豊富である。黒潮のおし寄せる一角、沼津《ぬまづ》市西浦江梨《にしうらえなし》に鎮座する大瀬《おおせ》神社では、四月四日に盛大な船祭りが行われる。この神社は、駿河湾《するが》北部海岸の漁民の信仰を集めている。祭りのさいには、大漁旗や杉・桜の小枝で飾られた漁船が、各地から参集する。おもしろいのは、各船に若者たちが派手な女装姿で乗り組むことである。船が沖の方から岬の前を通り、いよいよ浦の方に入ってくるとき、その年、若者組に入ったばかりの小若衆《こわかいしゅ》が、裸になって海中に飛び込む。そして、小石と朽葉《くちば》のつまった福俵《ふくだわら》を、神社境内まで一気にかつぎ上げるのである。福俵は網のおもりとして石俵を象徴するとされているが、この行為によって、若者組の一人前のメンバーとして認められるらしい。いわば成年式・入社式に相当する儀礼といえる。若者は浜に着くと、神社に参拝したのち、浜辺の石を拾って船にとりつける。これによって神の加護があり、大漁が約束されるのである。帰りには、船上でバカ踊りが始まる。化粧し女装した若者たちのドンチャン騒ぎをのせながら、船は自分たちの浦へと戻っていくのである。

静岡県の船祭りを分類した八木洋行によると（八木洋行「お船まつり」『海の民俗誌』静岡新聞社、一九八八年）、この船は、漁撈を目的とした漁船型の範疇《はんちゅう》に入るという。使われる船は参拝を目的としているが、乗船している若者たちのイニシエーション（通過儀礼）との結びつき、バカ踊りの男女交換による価値転換を可能とするドンチャン騒ぎを内包したユニークな内容は、いわば一つの象徴的表現といえる。

同様の事例に、伊豆半島の宇久須《うぐす》と安良里《あらり》（以上、賀茂郡賀茂村）で行われる猿っ子踊りがある。船上に、赤い装束《しょうぞく》に身を包んだ猿っ子が立ち、まず、日の丸を描いた扇で勇魚《いさな》（鯨《くじら》）招きをし、次に、銛《もり》で勇魚を突く動作を何度もくり返す所作をする。この形式は、捕鯨が盛んであった和歌山県や三重県の漁村にも分布するが、猿っ子という船上の異《い》形《ぎょう》が中心であり、その擬《もど》く所作が予祝の意味をもっている（同前）点に、特色がある。異装の若者、異形としての猿の乗った船が、大漁祈願にこたえて浜や浦に出現してくる、という表現なのである。

みろくの船と踊り

みろくの船が、弥勒仏《みろくぶつ》をはじめさまざまな神々をのせて、黒潮の流れに沿いつつ、太平洋沿岸に来訪してくる、という信仰的事実は、日本の原初的メシアニズム（この世を救済する思想とそれにもとづく運動）の性格を知るうえで、おおいに関心がわく。というのは、メラネシア、ニューギニアのカーゴカルト運動（積荷を載せた船を期待する信仰）の事例が、比較として想起されるからである。

青木保は、この点に注目して、カーゴと船との結びつきを、メラネシア人たちの、近代化による世界の崩壊感覚が生み出した「世直し」意識の動的表現だとしている（青木保

「儀礼と空間とユートピア」『海』一六、一九七〇年)。カーゴカルトの場合、祖先＝文化英雄と船というイメージの結合は、伝統的であると同時に、新しいイデーとしての面を有している。船が近代的な動力船となり、祖先のイメージが財貨に代えられて、「世直し」をもたらす手段は、その時点でより秀れたものへと変化していった。だから、みろくの船が、弥勒仏に限定されず、鹿島をはじめ、春日・伊勢・住吉などの名高い神々がのってきたり、さらに後世になると、七福神の宝船に変化するのは、その時期に応じて、民衆の「世直し」意識が対応した結果なのであろう(宮田登『ミロク信仰の研究 新訂版』未来社、一九七五年)。

みろくの船には、みろく踊というダンスが伴っていることも注目される。踊りは、イデーを伝播《でんぱ》させるのに効果があり、踊りのもつ強力な伝染力が信仰内容に大きな影響を与える。たとえば、一九世紀末に北米インディアン社会に広まった「ゴースト・ダンス運動」においては、その中心に熱狂的な踊りがあり、その踊りがラディカルなユートピア願望を示すものと考えられていた。同様に、南アフリカのシオニスト教会運動における「聖なる踊り」も、聖なる歌とそれに伴うリズムが、人々を引き寄せ、運動の参加への一体感を与える統合的役割を果たしていたと、青木保は指摘している。「儀礼――踊りといった形が、運動として特殊な力を発揮するのは、それが何よりもそこで行なわれる人間の行為・動作の中に一つのフォルムとしての神話・聖なる出来事が出現するからであり、とくに踊りの狂熱は、そこにおいて『神人合一《しんじん》』が可能になると想定されるからにほかならない」（青木保、前掲）というのである。

みろくの船は、のっている弥勒仏が、当来仏《とうらいぶつ》、すなわちメシア（救世主）として意識されてきたゆえに、たんに仏教流伝《るでん》による成立という推量だけに終わらないのである。柳田はこれを、「墓とも寺とも縁の無い一種の東方仏教」とみていた。この東方仏教の中心に踊りと歌があり、弥勒仏鑽仰《さんぎょう》の趣旨のほかに、海上の彼方にあるユートピアにたいする憧《あこが》れとして、太平洋沿岸に流伝していたことが注目されるのである。

みろく踊と鹿島神宮

みろく踊の流伝の中心に、東国の強力な守護神であった鹿島神宮が位置し、神船にのる神霊の代表格としてうたわれていることから、鹿島信仰の伝播に関連することが予想されている。ミロクの出現をうたう鹿島踊は、茨城県鹿島地方や千葉県佐倉市、館山市、東京都奥多摩地方から、新潟県の一部にまで及んでいるが、ここに二つの傾向が認められる。ひとつは、内陸部に分布する踊りで、これは、老婆たちが輪になって踊る念仏系のゆったりした調子であり、弥勒鑽仰の念が表出している。それにたいして、沿岸部に伝播しているほうは、鹿島踊をはっきり銘打ち、鹿島神人《じにん》に扮装《ふんそう》した若者たちが、勇壮活発に踊るのである。

神奈川県と静岡県の海岸部に面する浦々に現在も残存する鹿島踊については、従来も注目されており、神奈川県の実態については、永田衡吉の報告がある（永田衡吉「鹿島踊の考察」『神奈川県民俗芸能誌』錦正社、一九六八年）。また、近年、吉川祐子の調査が相模湾西海岸の実態に及んでいる（吉川祐子「相模湾西海岸の鹿島踊――その諸相と宗教的機能――」『静岡県史研究』四、一九八九年）。

鹿島踊の分布状況をみると、相模湾西海岸に集中する特徴があり、小田原市石橋から伊豆半島を南下して、東伊豆町北川《ほっかわ》でいったんとまっている。熱海市上多賀《かみたが》・下《しも》多賀の多賀神社で初めて鹿島踊が行われたのは、文政九年（一八二六）のことといわれる。その年の春、伊勢をはじめ諸神を拝むことを思いたった里人たちが、語らって、名古屋で神輿《みこし》を調《ととの》え、神鉾《かみぼこ》、四方《よも》の旗などを準備し、「御社より一町斗《ばかり》東の渚《なぎさ》にいでまし所」を祭場として、土地の若者に「白妙《しろたえ》の衣《ころも》」を着けさせ、幣束《へいそく》、扇を持たせて、鼓《つづみ》をうちならし、声高く歌をうたったという。熱海市来宮《きのみや》神社の祭礼図をみると、渚に面して神輿が鎮座し、その前に神饌《しんせん》が供えられ、神官二名と、氏子《うじこ》総代らしき裃《かみしも》姿の者が、威儀をただしている。そして、神輿と波打ち際の空間で、九人の水干《すいかん》姿の若者が乱舞し、真ん中に鼓と鉦《かね》を持った二人が位置している。周りには多数の氏子たちが並んで見物しており、これが、当時の実況であったろう。また、吉川が紹介している、熱海市網代の阿治古《あちこ》神社の享保年間（一七一六〜三六）の記録には、「鹿島警固羽織袴《けいごはおりはかま》六人」「御船警固　拾弐人」などとある（同前）。明らかにこれは、鹿島から来た神輿を警固していると思われる。一方、御船のほうについても、明確ではないが、もとは神輿をのせた神の船であったと思われる。

鹿島信仰の予兆性

海上の彼方から来訪する神の船を、みろくの船と称し、伊勢・春日・鹿島の三神が乗っているというイメージは、江戸時代初期の三社託宣の流行に合わせたものといえる。これは、古代以来の鹿島信仰のもつ予兆性をベースにしたものであり、海上の道の彼方にある異界とただちに結びついていく必然性は少ないだろう。しかし、注目されるのは、鹿島踊の「天竺《てんじく》の雲のあいから、十三作姫《じゅうさんひめ》が米をまく、その米を何とまき候、ミロクつづきの米をまく」という詞章である。「天竺」は、インドのことであるが、水平線の向こうにある漠然とした異界をさしており、そこからやってくる一三歳の巫女《みこ》（聖処女の意か）が米をまき、その米はミロクの世に連なっていることをうたい上げていることだ。「ミロクつづきの米」の詞章は、別に「日本つづきの米」

とも表現されている。「つづき」は、未来永劫《えいごう》にという願望をこめたものであるから、理想的世界であるミロクの世が、日本の現実の世となるようにと願い、そしてそれは、米の豊熟の世界として思いえがかれているのである。そうした民衆のユートピア願望が、水平線の向こうの「天竺」の方角から、みろくの船にこめられて出現してくることが、うたわれているのである。

神仏習合のプロセスからみると、鹿島踊が神事芸能として演じられる時期は、旧暦六月中旬であり、水辺に多く祀られる天王《てんのう》系神社の祭日前後に集中している。牛頭《ごず》天王を祀《まつ》る津島《つしま》（愛知県津島市津島神社）や八坂《やさか》（京都市八坂神社）の祇園《ぎおん》系の神社が、みろくの船の踊りを積極的に受容した点に、ひとつの意味があろう。

「寛永の頃、諸国に疫病《えきびょう》あり。常陸《ひたち》国鹿島の神輿を出《いだ》して、所々にこれを渡し疫難を祈らしめ、その患《うれい》を除く、よって是《こ》れを慬《いきめ》て躍《おど》らしむ」（『本朝世事綺談《ほんちようせじきだん》』巻五）という由来のとおり、鹿島踊の災厄除けが疫神鎮《しず》めに効果があり、牛頭天王信仰と結びついたのであった。沿岸部にある来宮《きのみや》（貴宮）や貴船《きぶね》などの神社名称は、寄物・漂着物の神格にもとづいており、こうした神社が、それぞれ鹿島の神輿を迎え、みろくの船の到来をうたったのである。

熱海市の鎮守《ちんじゅ》来宮神社は、漂着した木像の神霊が、童子《どうじ》に憑依《ひょうい》し、七株の楠《くすのき》が生えているところへ勧請《かんじょう》するように託宣したという。そこで、毎年六月一五日、熱海の浦で獲れた魚を供え、一六日には、社殿より神輿が出て、浜辺にとどまる。このような縁起は類型的であるが、海上の道を伝わって現実に祀りこめられる手順を物語っている。

鹿島は神島であり、カミの寄りつく場所として選定された一般名詞であった。異界としての海上・海彼《かいひ》との接域に特定される地点に、鹿島神宮の神輿が鎮座したが、そこには、幻想的にみろくの船にのって出現し、「ミロクつづき」の米が到来するという原初的なカーゴカルトが存在している。みろくの船が諸神の屋形船や七福神の宝船へと変化しているのは、ひとつには、江戸時代の庶民の想像力のしからしむるところであろうし、鹿島信仰の予兆性や疫病送りの霊験《れいげん》がそこにオーバーラップした構図とよみとれるのである。

黒潮と異人

難破船と文化伝播

黒潮で運ばれてくる船にとって、熊野灘《くまのなだ》・遠州灘・相模灘は、それぞれ強風と荒波にもまれる難所である。たとえば、鳥羽（三重県鳥羽市）の港から江戸に向かうのに、遠州灘を懸命にのり越えて伊豆半島近くまで来ても、北風が強く吹き、西風が弱かったりすると、船はそれ以上進めず、ふたたび鳥羽の港まで引き戻されてしまうという事態も起こったという。帆船だと、鳥羽から下田（伊豆半島）まで一日の航海、一方、大島（伊豆七島）の方からでも一日がかり、したがって、その間にある下田港は、風の動きを判断するための重要な風待港《かぜまち》であった。

「船頭必ず高帆《たかほ》をまくな、風に情《なさけ》はない程に」、「相模は東北風《ならい》で石廊崎《いろうざき》は西風《にし》よ、間の下田かダシ（北）の風」といった、風と必死に戦う船頭の気持ちをうたった民謡が伊豆一帯には多い。

明和三年（一七六六）春、御前崎の岬に住む大沢権右衛門は、浜辺で一艘の難破船を発見した。権右衛門は村人を集め、船員二四名を救助し、彼らを手厚く介抱した。この船は九州薩摩藩の豊徳丸《ほうとくまる》で、藩主の用命により江戸に向かう途中であった。薩摩（鹿児島県西部）の藩主は、家臣を御前崎に派遣し、礼金を差し出したが、権右衛門はそれを断わり、そのかわりに、豊徳丸が積み込んでいた薩摩芋を貰いたいと申し入れた。家臣はそこでお礼のつもりで、薩摩芋の栽培方法をこの地に教えたという。

以後、権右衛門のすすめによって、甘藷《かんしょ》の栽培が始まった（栗林沢一「遠州灘の風と砂」『あるくみるきく』二五二、一九八八年）。この難破船はまさに、貧しかった村を豊かにする富をもたらしたことになる。村人は大沢権右衛門を「いもじいさん」と呼び、死後、命日になると、村の海福寺境内の墓と頌徳碑《しょうとくひ》の前で供養している。一説に難破船は、海形丸《かいかた》または海神丸《かいじん》ともいわれ、後者の海神丸は、大正二年（一九一三）に、八丈島より切干芋《きりぼし》に使う「ほそづる」をもたらしたという事実があった。明和三年の豊徳丸と、大正二年の海神丸とではだいぶ時間差があるが、この地に芋の品種がつぎつぎと入りこみ、なかでも八丈島から導入したという「ほそづる」が、蒸し切干しという換金性と保存性の高い産物を生み出した。その事実が、村人の潜在意識のなかに、「いもじいさん」にまつわるフォークロアを伝承させることになったと思われる。「ほそづるはいもじいさんが琉球の船、海形丸からもらった」という口碑などもあった。

こうした伝承が、薩摩藩の船から琉球の船に変化し、豊徳丸が海形丸に変わったのも、あるいは、海上から来訪した村の漂着神が氏神駒形神社の名称となったことなどと重複しているのかもしれない（静岡県『御前崎の民俗』一九九〇年）。いずれにせよ、黒潮の流れに沿った文化伝播の具体例であり、その背後には、当然のことながら、「海の彼方から先祖がもたらした財物」への信仰がうかがえるのである。

異国の神の迎祀

ところで、茨城県の太平洋沿岸に位置する北茨城市磯原《いそはら》と東茨城郡磯浜町には、中国の代表的な民間信仰である天妃《てんぴ》が祀られている。天妃媽祖《まそ》は、九州一円に分布しているが、関東地方にはこの二ヵ所のみであり、とりわけ磯原天妃は、暖流系黒潮のしだいに終わりかかる潮流に面し、太平洋を臨む水際の聖地に祀られている。現在の神社名は、弟橘媛《おとたちばなひめ》神社であるが、「天妃さん」のほうが通りがよく、野口鐵郎・松本浩一の調査研究によって、その実態が明らかにされている（野口鐵郎・松本浩一『磯原天妃社の研究』私家版、一九八九年)。この女神は、宋の建隆《けんりゅう》元年(九六〇)、福建《ふっけん》の海浜に生まれた女性が、処女神として崇められ、天妃媽祖と称されるにいたった。天妃は、海上交通の安全を守る霊力があるとされ、中国の海岸地帯に広まり、さらに、中国人の海外移民の増大にともなって、海外にも広く分布するようになったのである。

この磯原天妃も、航海守護、海上安全の霊験あらたかなことで知られ、近隣の漁村の信仰対象ともなっている。縁起では、天妃の神像は、中国からの渡来僧東皐心越《とうこうしんえつ》が将来したという。東皐心越は、延宝《えんぽう》五年(一六七七)正月に長崎に来航した曹洞宗禅師《そうとうしゅうぜんじ》で、天和《てんな》元年(一六八二)に徳川光圀《みつくに》に迎えられ、江戸から水戸(茨城県中部)に移ったという。天妃社は、海船守護の名目で、光圀が建立したとされている。「常灯ヲカ、ケ漁船目当《めあて》トナス、南ニ続ク峯ヲ旗ノ峯ト云《いい》、大旗ヲ立《たて》、或《あるい》ハ爰《ここ》ニ篝火《かがりび》ヲ焼《やき》テ、又目当トナス」と、江戸時代の水戸藩内の事象を記述する『松岡地理誌』に記されている(同前)。祀られた地点は、浦に通ずる大北《おおきた》川の河口にあたり、神竜磯《しんりゅういそ》と呼ばれる地域にある小山で、朝日指《し》峯《ほう》と呼ばれていた。光圀の命により建立したというが、元来、海辺の聖地として、天妃以前は薬師仏一二体が祀られていたという説もある。いずれにせよ、この地に異国の神が、はるか海上をへて迎祀《げいし》されたことになる。

徐福伝説と異人集団

海を越えて東海から東国に漂着した異人の数は、はっきりつかめないが、たとえば、延暦一八年（七九九）七月に、小船に乗った天竺人が三河国《みかわ》（愛知県東部）に漂着したとか、承安《じょうあん》二年（一一七二）七月、伊豆国（静岡県東部）「奥島」に異形の者が漂着したという記事が、『日本後紀』『玉葉《ぎょくよう》』などに、それぞれ記載されており、こうした記録に残されない異人の漂着譚《たん》は、くり返し説かれてきたと思われる。

日本の伝説上、渡来してきたとされる異人たちのうちで際立った存在の徐福《じょふく》は、実在の人物としての裏付けも含め、近年、脚光を浴びるにいたった。紀元前三世紀、秦《しん》の始皇帝《しこうてい》のころ、皇帝の命をうけ、多くの童男童女を引き連れ、東海にある三神山（蓬莱《ほうらい》・方丈《ほうじょう》・瀛州《えいしゅう》）に行き、不老不死の仙薬を求めるために出航したという。その目的地は東方海上にあるといわれる。それは、ひとつのユートピア信仰を形成し、常世《とこよ》国やニライカナイに通底することは明らかである。

ただ、現実性をもって語られるのは、徐福が三〇〇〇人の童男童女と技術者集団の百工を連れ、五穀の種子を携えていったという記事から、そこに大規模な移民集団が想像されたことである。この一団は二度と母国にもどらなかったというので、彼らが奈辺《なへん》の地に定着したのかという点が、通時的に話題となっていたのである。

徐福はどこに定着したのであろうか。『史記』の「淮南衡山《えなんこうざん》列伝」にあるように、「平原広沢」に到達して王になったという具体的地域はどこなのか、という話題で、紀州南端の黒潮洗う熊野をはじめ、富士山麓までを含めた地域に徐福伝説が展開した。そしてその背後には、東方の太陽が昇る方角にたいする潜在的信仰と、そこに至る海上の道の存在とが、しきりに確認されようとしていた。『義楚六帖《ぎそろくじょう》』には、「日本国、亦《また》ハ倭国《わこく》ト名ヅク。東海ノ中。秦ノ時、徐福、五百ノ童男、五百ノ童女ヲ将《ひき》イテ、此ノ国ニ止《とど》マル也。（中略）又、東北千余里ニ山有リ、富士ト名ヅク。亦ハ蓬莱ト名ヅク。其ノ山峻《しゅん》ニシテ、三面ハ是レ海。一朶《いちだ》上ニ聳《そび》エ、頂《いただき》ニ火煙有リ」と記されている。

熊野を越えると、志摩（三重県）・遠州（遠江国、静岡県西部）の海上から、はるか中天に聳立《しょうりつ》する霊峰富士が、大きな山アテとして浮上してくる。謡曲「富士山」にも、徐福が富士山に来た故事をのせ、河口湖畔には、徐福の墓を残している。徐福渡来の足跡は全国二十数ヵ所にも及ぶが、たとえば丹後半島伊根《いね》町（京都府与謝《よさ》郡）などの日本海沿岸の分布は別として、太平洋沿岸の方に濃厚にみられている。壮大なスケールをもった徐福集団の移民は、たんに東方の海に面した大陸の住民たちの経験だけではない。「いはゆる徐福伝説の伝播と成長とには、少なくとも底に目に見えぬ力があつて、暗々裏《あんあんり》に日本諸島の開発に、寄与して居たことは考へられる」（柳田国男、前掲）のであった。

女護島の伝説

為朝伝説と女護島

想像力の産物とはいいながら、東方海上を縦横無尽に動きまわった英雄 源為朝《みなもとのためとも》の伝説は、滝沢馬琴《たきざわばきん》の筆を通して、江戸の庶民の夢を物語っていることになるのであろうか。馬琴は、伊豆諸島の地誌として、当時、定評のあった天明元年（一七八一）に成る佐藤行信・吉川秀道の『伊豆海島《かいとう》風土記』と、琉球関係では徐葆光《じょほこう》の『中山伝信録《ちゅうざんでんしんろく》』（一七二一年）といった中国の文献、また、森島中良の『琉球 談《ばなし》』（寛政二年〈一七九〇〉）などを、素材として使っている。

為朝は、鎌倉初期に成った『保元《ほうげん》物語』によると、伊豆大島で討死《うちじに》したことになっている。しかし、馬琴はそうはさせず、為朝が海を渡り、琉球に赴いたことにしている。

伊豆に配流《はいる》されたあと、「為朝は、三宅《みやけ》、新嶋《にいじま》、神津《こうづ》、利嶋《としま》、御蔵《みくら》、すべて五の嶋をも打従《うちしたが》へ、数《す》十艘の船を造らせて、往返国司《おうへんこくし》に異ならず」（『椿説弓張月《ちんせつゆみはりづき》』前篇巻之六）という状態が、約一〇年間続いた。次に為朝は、伊豆の島々の歴覧のため、「一艘の快船《はやぶね》にうち乗て、利島、うとまし、新嶋、沖の小嶋、せゝ、おんはせ　いなんは、神倉《みくら》、神津の嶋々へ推渡《おしわた》り給ふ」（同後篇巻之一）。そして、神津より「見付《みつけ》嶋今の三宅しまなり」に渡って逗留《とうりゅう》し、嶋の長《おさ》に他の島をたずねると、「是《ここ》よりさきは潮も殊《こと》さらに凄《すさま》じければ、漁《すなど》る者も怕《おそ》れて遠く船を出さず」という答えがあった。そして「これより海上百里ばかり隔て、女護嶋《にょうごのしま》、鬼が嶋など呼《よば》るゝ、いとおどろ〳〵しき嶋山ありとは聞伝《ききつたえ》たれど、其処《そこ》へ渡りたるものもあらねば、慥《たしか》にありとは申さぬなり」（同上）という。というのは、さらに南下すると、潮流のなかに二つの潮がぶつかり合っており、「此二ツの潮のはやきこと滝川のごとく、水底《みなそこ》の巌《いわお》に堰《せか》されて、鳴濆《なりほとばし》ること、雷霆《いかずち》にも勝《まさ》れり。これを黒潮とも、又山《やま》潮《しお》とも称《となえ》て、ものゝおそろしき譬《たとえ》にも申スなる。もし此潮にあふ船あれば、瞬《またたき》の中《うち》に数《す》千里を押流され、活《いき》てふたゝび帰るものなし」（同上）という。しかし為朝は、九州筑紫《つくし》に滞在中から、航海には馴れていたので、自ら針盤《しんばん》を操って、航行できる自信があった。

かくて為朝は、この「黒潮」を乗り越えて、女護嶋（八丈島）に上陸した。続いて南下し、「男の嶋」、つまり青ヶ島に着いた。為朝はさらに枝嶋《えだ》を発見するが、為朝はこのあたりをほぼ境界領域と認識していたことがわかる。なぜなら、女護嶋の愛人ニョゴ（長女）と別れるさいに、一本の卯木《うつぎ》を地上にさし、「われもしふたゝびこゝに来《きた》りて、汝等《なんじら》と会《あう》日《ひ》あらば、この卯木更《さら》に活《いく》べし」（同上後篇巻之二）と誓ったという。そしてこの島を「卯木嶋」と呼んだという地名伝説が語られているからである。卯木の挿し木は占有の標示であり、境界を示している。

さらに、同じ地点に、沖の方より、「米俵《よね》の蓋《ふた》に、赤き幣《ぬさ》を建《たて》て、身丈《みのたけ》僅《わずか》に一尺四五寸もあるらんとおぼしく、いとからびたる翁《おきな》、その上に乗りて、浪《なみ》のまに〳〵流れよる」（同上）。すなわちこれは疱瘡神《ほうそう》であった。京都と摂津《せっつ》（大阪府北部と兵庫県東部）の間に疱瘡が流行したとき、「浪速《なにわ》の浦に送り遣《や》られて、太洋に漂流し」（同上）、この嶋にたどり着いたというのである。疫病神が送られていく最終の境は、為朝が訪れた八丈島・青ヶ島のはずれあたりになっていたのである。

さらに為朝は、境界地点から、ふたたび本土に潜行することになる。そして、琉球へのもどり方は、まず「讃岐国《さぬき》（香川県）多度郡《たどのこおり》逢日《おうひ》の浦」につき、白峯《しらみね》御陵《ごりょう》に参ったあと、「塩飽《しわく》、七嶋《ななしま》、直嶋《すぐ》」等の瀬戸内の島々をへて、肥後国《ひご》（熊本県）宇土《うど》郡宇土浜につく。

そしてここからは、海路を南下して、琉球国に向かったのであった。以上の航路は、伊豆から志摩、熊野の紀州を回り、瀬戸内に入り、讃岐、肥後をへて、琉球へ向かうというもので、いわば、為朝に仮託された海民たちの往来がそこに想像されている。

為朝伝説では、為朝は伊豆の小島で死に、やがて転生《てんしょう》して、琉球国王になったという筋書である。これは、江戸の人々にとって、はるか海彼《かいひ》の他界において、伊豆と琉球の二つの空間移動が、想像上かなり自由であったことを物語っている。ちょうど玄海灘《げんかいなだ》の百合《ゆり》若《わか》伝説において、百合若が、海上の彼方の境界にある鬼ヶ島に渡り、年をへてふたたび本土にもどってきたことと、同様の構図といえるであろう。百合若も為朝も、海彼の果てに到達して境界を往来することのできる英雄なのであり、それはまた、民俗のもつ想像力の行きつく先でもあった。

海上の道と為朝伝説

ところで、井原西鶴《いはらさいかく》『好色《こうしょく》一代男』の大団円のシーンで、現実世界で遊び尽くした世之介《よのすけ》が、七人の友とともに船出するところがある。世之介は「難波江《なにわえ》の小嶋」で新造船をつくり、それに「好色丸」と名づけて、「我をはじめて此男共こゝろに懸《かか》る山もなければ、是より女護の嶋にわたりて、抓《つかみ》どりの女を見せん」という目途をもち、「伊豆の国より日和見《ひよりみ》すまし、天和二年（一六八二）神無月《かみなづき》の末に行方《ゆくへ》しれずに成《なり》にけり」(『好色一代男』巻八)という。その起点は難波江であり、東方憧憬《しょうけい》は、例の多遅摩毛理《たじまもり》以来の伝統をひいて、東方海上の常世国《とこよ》をめざすという意識を継承している。そして具体的には、伊豆半島下田港から南下していく方向であった。京・大坂・江戸の都市民たちが、その方角に向かって船出することにひとつの意義があったのであり、海上の道は、為朝伝説の舞台とオーバーラップするのである。そしてその究極には、「女護嶋《にょごがしま》」が浮かんでいたのであった。

八丈島と青ヶ島

女護島が具体的に八丈島にあたっていることは、江戸時代以後、広く人口に膾炙《かいしゃ》していた。八丈島の北、御蔵《みくら》島との間の黒潮を、とりわけ黒瀬《くろせ》川と呼んで、そこを横断することは、当時、帆船ではなかなかむずかしかった。為朝も必死の思いで乗り越え、八丈島にたどりついたことになっている。八丈島が、北方に連なる伊豆諸島と異なった一面を色濃く示すのは、この黒瀬川が境川に相当していたからであり、八丈島とその南方にあたる青ヶ島との密接な関連をみていたのである。

『椿説弓張月』では、為朝が、飛ぶ鳥を見て、海上の彼方の女護島を訪れようと決意する。女護島にたどりつくと、水際の浜辺に、草履《ぞうり》がすぐに履けるよう並べられていた。「此《ここ》なん世にいふ女護の嶋にて、もし漂ひ来れるもの、この草履を穿《はく》ときは、そのぬしおのが夫《おとこ》とすと、語《かたり》伝《つたえ》たるも、虚言《そらごと》ならず」（後篇巻之二）という伝承が体験されたのである。女護島の人家は、大きな草葺《くさぶ》きであり、高床《たかゆか》式、椎《しい》の丸木を柱とし、竹を編んで壁にしている。島人は女人ばかりで、そのうちの東七郎三郎の長女（ニョゴ）が、為朝を歓迎した。

　ニョゴの話によると、夢中に託宣があり、耆婆《ぎば》明神の出現があり、さらに為朝が来訪神化しているようすが語られている。耆婆明神とは、「伊勢国度会郡《わたらえごおり》、山田に久しく住むものなり」（同上）といい、天照大神《あまてらすおおみかみ》の変化《へんげ》とみなされている。さらに興味深いことは、女護島としての位置づけを、徐福伝説と結びつけている点である。徐福は、童男童女五〇〇人を引き連れて熊野に着くが、その身は熊野にとどまり帰国しなかった。そして、連れてきた女の童は八丈島に、男の童の方は、そこより二〇里離れた嶋（青ヶ島）に放置されたままで、男女は別々に住むようになったとされ、その由来が次のように語られている。

> されば往古《いにしえ》より故国《ここく》の好《よしみ》を忘れずして、世々《よよ》男《お》の嶋人等と、妹背《いもせ》の契《ちぎり》は締《むす》べども、男《なん》女《にょ》ひとつに住《すむ》ときは、海神《わたづみ》の祟《たたり》ありといひもて伝へたる程に、夫婦一ツに聚《あつま》ることをせず。一年《ひととせ》に只《ただ》一度、南風《みなみかぜ》の吹《ふく》日あれば、海神の御許《みゆるし》ありと称《となえ》て、男の嶋人等、こゝへ渡り、はかなき仮寝《かりね》の夢を結ぶに、もし男子《おのこ》生るれば、彼嶋へ送り遣し、女子《おなご》

生れは、此嶋に遺《のこ》すなり。かゝる事を聞誤《ききあやまり》て、こゝの女子は南風に吹れて孕《はら》むと、世にはいひけん。又草履をならべおきたるは、宣《のたま》ふごとき筋にはあらで、おの〳〵夫の恙《つつが》なくて、今茲《ことし》も風が便《たより》してとく渡り来《き》よかしと待《まつ》こゝろより、その人の草履を磯《いそ》方《べ》に出しおく事、こは日本人《やまとひと》の旅の留守に、陰膳《かげぜん》とやら居《すゆ》るにひとしく、みな我嶋の習俗《ならわし》なり（同前）。

女人島の成立

男女住みわけの論理をもとに、女人島の成立が述べられているが、こうした発想は、八丈島だけにかぎらず、アジアの太平洋沿岸部に広く語られているフォークロアである。このことについては、すでに石田英一郎の研究がある（石田英一郎「女人島の話」『日本民俗学大系』一二、平凡社、一九六〇年）。石田によると、一五八五年（天正一三）にローマで出版されたメンドーサ『中華大帝国史』（*Historia del Gran Regno de China*）に、日本海上に女人島が発見されたことが記されているという。そこには日本商船が往来しており、男の船員たちが島の女と性交する。島では、女王が性を支配しており、女が用意した浜辺の履《はきもの》をはく男が持ち主の女の相手になること、等々がくわしく記述されている。

男が女人と結ばれ子が生まれた場合、男の子だと父親の在所へ、女の子だと島で育てられるという、住み分けのルールがさだめられ、女王がそれを管理しているということは、相対的に母系性の強い社会をうかがわせる。男が年に一度、女人島に渡り性交するという思想は、インド洋やインドネシアの島々にも語られている。石田は、こうした女人島の生まれる可能性は、人類共通のものであり、「子孫の繁殖の問題は何とか説明されねばならないから、男がこの島に一定の時期だけ通うというような思想も、人間の心にくり返して容易に浮ぶかもしれない」（同前）と指摘している。

黒潮洗う日本列島の近辺の民俗と、環太平洋沿岸の諸民族の民俗とを比較する必要があるが、この八丈島のほかにも、薩摩国甑《こしき》島や沖縄の与那国《よなぐに》島を女人島とする伝説もあり、台湾の原住民や樺太《からふと》アイヌのなかにも伝えられている。

ところで、八丈島に現存する丹娜婆《たなば》の墓は、母祖説話として注目される内容で、大津波で生き残った妊婦が男子を出生し、母子相姦《そうかん》の結果、子孫繁栄したというモチーフである。それが八丈島に伝わっているということは、明らかに、女護島のような女性中心的な社会が、この島に存在したことを示唆するものといえる。さきの『椿説弓張月』には、天照大神と結びつけられた耆婆明神という女神のことが語られている。また、為朝に会った女護嶋の女性指導者は、ニョゴであり、それは姉妹順位呼称では長女にあたる。たとえば「〇

○さんがニョゴ殿は」という使用例があったと、大間知篤三が報告している（大間知篤三『伊豆諸島の社会と文化』慶友社、一九七一年）。

女性中心的なこの孤島の旧家のニョゴ、または女房が、率先して異人を歓待するという具体例は、八丈島の場合、『北条五代記』や『八丈実記』（近藤富蔵『八丈実記』第五巻、緑地社、一九七〇年）などにも記されている。国衆《くにしゅう》と呼ばれる日本人が、船で八丈島に来れば、「其好《このみ》の家に入《はいり》、其家の女房を其妻とさだむる」とし、それは「御婿入《むこいり》めでたき」という慶事になった。「国衆ハ思ひの外《ほか》のたのしミ、玉の台《うてな》に有《あり》て、女御更衣《にようごこうい》、あたりにみちくて、栄花《えいが》の花ざかり、喜見城《きけんじよう》のたのしひ、是《これ》たゞ邯鄲《かんたん》の夢の心地《ここち》」（『北条五代記』巻五ノ四）という情報が、すでに江戸には流布しており、『椿説弓張月』も、たぶんそれらを下敷きにしていたのであろう。

ことがあったのである。当時釜山には多くの知人がいた。ある者が『釜山で、朝鮮でないのは対馬人だ』と吹いたほど、同郷人が多くいたのである」（永留久恵「対馬人の海峡意識」『国際交流』三五、一九八三年）。こうした体験がごくあたりまえの地理的感覚によっていたとすると、制度としてさだめられた国境というものは、潜在的には無化される志向があったといえる。

『魏志《ぎし》』東夷伝《とういでん》、倭人《わじん》の条（以下『魏志倭人伝』とする）にある「南北に市糴《してき》す」という表現は、対馬住民の自由自在な海の往来が、倭と韓の両国にまたがっていたことを推測させる。すでにその時期から、国境という意識を無化させる伝統が培われていたのである。

森崎和江は、対馬を訪れて海女《あま》に会ったときの感想を次のように記している。「親代々海女であり、一年のほとんどを家舟《えぶね》でくらしてきたという海の女が崖っぷちにつっ立って、この海のどこにさざえがありどこにあわびが泳いでいるか、てのひらをみるように知っているけど、いまはそこは外国です、といった。朝鮮人の海女と競争でもぐってとっていたけど、とつぶやいた。あの人たちはあの貝をいまひとりじめしている、そして対馬の貝もぬすみにくる、とその顔も声もよく知っている漁仲間のことを話した。それは朝鮮が植民地だから知っていた、という一代限りの感性に立った話ではなかったのである」（森崎和江「海峡の島」『自然と文化』一九七八年冬季号)。

ここには、国境を越えて通底し合う共有の心性が認められる。そしてそれは、海を生産の場とする海人たちの心意にほかならない。こうした海人たちの系譜は明確ではないが、宮本常一は、朝鮮半島の西海岸地方から渡来してきたのではないかという(宮本常一・川添登編『日本の海洋民』未来社、一九七四年)。その根拠は『日本書紀』仁賢《にんけん》天皇六年の条の、難波玉作部鯽魚女《なにわのたまつくりべのふなめ》が韓《から》白水郎暵《まのはたけ》に嫁《とつ》ぎ、哭女《なくめ》を生んだという記事によるが、韓白水郎が朝鮮半島から渡来した海人であり、哭女の民俗とかかわっている点が注目される。

倭寇と対朝鮮交易

歴史的には、日本人の渡海は、まず朝鮮海峡を越えるところから始まった。神話上の神功《じんぐう》皇后の渡海記事はその端的な事例である。そして歴史的に最も高揚したのが、倭寇《わこう》から朱印船《しゆいんせん》時代にかけての時期であったことは知られている。

それに先立つ一三世紀後半、日本列島の耳目は北九州に集中した。いわゆる元寇《げんこう》の役《えき》(文永・弘安の役)であり、その結果、異国蒙古(元《げん》)にたいする恐怖のイメージが生じていた。妖怪《ようかい》や鬼を異人に結びつけるフォークロアや、コクリムクリの口碑などから、うかがうことができる。

さらに一四、五世紀、倭寇と呼ばれる日本人を含む集団の活動によって、それまで日本人にとって、天竺《てんじく》・震旦《しんたん》といった漠然とした異界であった朝鮮半島や中国大陸が、はっきりとした現実の異界として浮上してきた。朝鮮・中国にとっても、もはや日本列島と日本人は無視できない存在となっていたのである。そして、この列島の内と外からのアプローチの接点こそが、北九州一帯、とりわけ玄界灘《げんかいなだ》の島々である。そして玄界灘からの対馬海峡、朝鮮海峡をへる海域が、日本列島と大陸とを結ぶ最重要ルートであったことはいうまでもない。

日本側の拠点ともいうべき博多には、当時、ジャワ船やスマトラ船なども来航していた。博多はいわば、国際貿易港の観を呈していた。日本史をひもとけば、当時の民衆生活に影響を与えた木綿や生糸・仏典などがつぎつぎと輸入されてきており、また謡曲や御伽草子《おとぎぞうし》などは、好んで海の彼方に題材を求めていることがわかる。海とかかわる日本人の印象が強烈となる時代が幕明けしたのである。

申叔舟《しんしゆくしゆう》の『海東諸国紀《かいとうしよこくき》』（一四七一年成立）に載せられた古地図をみると、壱岐・対馬と琉球がひときわ大きく描かれている。当然のことながら、これは、朝鮮半島と一衣帯水《いちいたいすい》の地域への関心の高さを物語っている。マルコ＝ポーロも元《げん》に滞在して、はるか東の海上に浮かぶ黄金島に思いをはせていた。一六世紀の明《みん》の段階では、活発な倭寇の動きを目のあたりにして、日本理解への志向がいっそう強まったのである。『魏志倭人伝』以来の日本にたいするイメージは大きく変わりつつあったといえる。

一四、五世紀にかけて、朝鮮半島、中国大陸の沿岸を席捲《せっけん》し、とりわけ高麗《こうらい》王朝を危機に陥れた倭寇の根拠地は、「三島倭寇」といわれるように、対馬・壱岐・肥前松浦（長崎県北部と佐賀県北西部）の三地点であり、なかでも対馬と壱岐がその中心であったことは、『高麗史』の記事に明らかにされている。倭寇そのものは決して無頼の暴徒ばかりではなかった。略奪した物資は、組織的に日本国内の市場に運ばれていたのである。むしろ倭寇集団のリーダーは、国境を越えて自由に行動する統率力の高い商才の巧みな人物像だった。さらに倭寇と称していても、日本人以外に禾尺《かしゃく》・才人《さいじん》などと呼ぶ朝鮮の人々が含まれていたことも、これまでの研究で明らかにされている。

しかし、二つの国の為政者にとって、倭寇の存在は統治責任に及ぶわけであり、しばしば厳しい禁圧を武力によっておし進めた。他方、倭寇の鎮静化については、倭寇の逆手をとって、彼らの貿易を自由化させていく方向がとられ、そうした硬軟両方の倭寇対策の流れのなかから、しだいに博多商人たちが倭寇に代わってのし上がってきた。博多商人たちは、幕府や有力大名と密接な関係をもち、貿易活動を行いながら、独自の通交権を得て朝鮮貿易を行っていたのである。その代表的人物が宗金であり、道安であった。彼らは博多を舞台にして、積極的に日明貿易をおし進めた海商たちであり、その軌跡は、玄界灘の海域を越え、さらに環シナ海通交圏を形成していくのである。

このように、国境というものをあえて意識せず、自然にこれを無化しようとしてきた人々の自由な生活行動や意識は、民俗文化を形成する上での文化的伝統として位置づけていくことができるのである。

玄界灘の民俗文化

壱岐・対馬を中心とする島々は、いずれも九州と朝鮮半島との間に横たわっている。とくに対馬は、北西海岸が朝鮮海峡をへだてて韓国と相対しており、朝鮮半島との至近距離は、わずか二八海里（約五二㌖）にすぎない。また、壱岐と対馬の間は約二七海里（約五〇㌖）であり、本土からみると、二つの島々には、まさに国境周辺に浮かぶ境界という立地条件が刻まれており、それが、この地域に展開する歴史と文化に深い影響を与えてきたと推察される。

まず、玄界灘に浮かぶ島の民俗文化について、三点に絞って考えてみたい。第一は、主として壱岐を舞台に繰り広げられた百合若《ゆりわか》説経（伝説）の世界、第二は、古風を残存させている壱岐・対馬を中心とする民俗の実態、第三は、主として対馬に顕著な聖地信仰の特徴である。これらを通して、玄界灘の島々のもつ境界性の意味について考察していきたいと考える。

百合若伝説

百合若伝説の鬼退治

江戸時代に広く人口に膾炙《かいしゃ》していた百合若《ゆりわか》説経は、英雄百合若の鬼退治が中心のモチーフになっている。そしてその舞台は、玄界灘に浮かぶケイマン国であった。ケイマン国には異人である多数の鬼が住んでおり、そこは異国の地とみられ、百合若の鬼退治の対象となった。話の筋は次のようなものである。

百合若が軍船をひきいてケイマン国に向かう。ケイマン国の鬼の王は、天から剣が落下してきて己《おの》が胸を刺すという夢をみて、日本の国から鬼退治の船が来襲することを知る。鬼たちは礫《つぶて》を打って戦うが、戦いの最中、暴風が起こり、百合若の船だけが沈没をまぬがれ、ケイマン国のコシキ小島にたどり着く。百合若は鬼を退治するが、家臣に裏切られて島に置き去りにされてしまい、その地で小鬼とともに暮らすはめとなった。あるとき、日本から漁船がケイマン国に流れ着き、百合若はその船に乗って帰国することができる。そのとき、百合若に仕えていた小鬼は天に上げられ、枯木に花が咲いたら降りてきてもよいといわれる。その因縁により、今でも枯木は早く伐《き》らねばならないという言い伝えが残っているという。

また一説に、百合若がケイマン国を去るとき、小鬼に向かって、お前が最後のときには火を高くあげよ、そうしたらお前が死んだことを認めて、神に祀《まつ》るであろうと約束する。はたして数年後、ケイマン国の方角に火の手があがった。そこで百合若は、その鬼を神に祀ったという。それが現在の壱岐の天手長男《たながお》神社（郷《ごう》ノ浦《うら》町田中触《たなかふれ》）だといわれている（山口麻太郎「百合若説経梗概」『山口麻太郎著作集』一、佼成出版社、一九七三年）。

壱岐と百合若

このように、壱岐と百合若との関係は密接に語られており、ケイマン国すなわち壱岐、とするのが通説となっている。日本の漁船がケイマン国に流れ着いて百合若を助けたので、百合若は漁師にたいして壱岐の魚釣山《うおつりやま》周辺の漁場を与えたという伝説もある。また、太郎礫・次郎礫という岩石が沼津《ぬまづ》村（現在、郷ノ浦町）黒崎にあり、これらは鬼の投げた礫だといわれている。なお、百合若が上陸したといわれる勝本浦《かつもと》には、ミルメガウラ・カグハナサキ・コシキ小島・オニタナなどの地名があり、これらはいずれも百合若の事跡と結びつけられている。

ところで、山口県周防《すおう》大島で語られている百合若伝説では、壱岐国と筑前国《ちくぜん》（福岡県北西部）との争いになっている。むかし、壱岐国にたくさんの鬼が住んでおり、ときどき筑前国へ攻め寄せてきた。鬼は風の袋をひろげて大風を吹き、村の若い娘たちをつぎつぎとさらっていくので、筑前国の人々がたいへん苦しんでいた。そこへ百合若が登場してくる、というものである。このように、壱岐から鬼がやってくるという考え方のほかに、「もろこしこうらい国の鬼」となっている話もあり、この話によると、百合若が博多から「こうらい国」に渡ったところ、家来に置き去りにされてしまい、ようやく筑前の漁師に助けられて帰国したことになっている。

百合若の鬼退治が蒙古襲来と結びつけて描かれている例に、仮名草子の『百合若』がある。蒙古国《むこくく》の蒙古軍《むくり》が蜂起して筑紫《つくし》（九州の古称）の博多に押し寄せてきたので、百合若大臣が都から派遣され、日本と唐土《もろこし》との境の沖で戦う。神託をうけた百合若は勝利し、帰国の途中、玄界島に上陸して休息するが、家来の別府《べっぷ》兄弟の裏切りにあい、島に置き去りにされてしまう、というものである。このモチーフは、幸若舞《こうわかまい》にも取り入れられ、古浄瑠《こじょうる》璃《り》・歌舞伎のなかにも使われて、各地に流布したとされている。国境の海上で大海戦があり、戦地に赴いた神童百合若がそのまま異郷にとどまったという場所が、ここでは玄界島に特定されている。

玄界島は福岡から海上六里（約二三・六キロ）の地点にある島で、『筑前国続風土記』巻二には、この島に海賊がしばしば侵攻したと記されている。「島の前に竹を植ゑて防《ふせぎ》とせり、或時《あるとき》海賊数十人来りて掠略す、然《しか》るに島の長《おさ》、榎田平次郎と云ふ者、能《よ》く防ぎ戦ひければ、海賊共叶《ども かな》ひ難《がた》くや思ひけん、竹林に火を掛けてけり、折節《おりふし》海風烈《はげし》敷く吹きければ、人家にも火移りて、平次郎も防ぐに便《びん》なく、終《つい》にそこに討死《うちじに》す、其の墓今も山上に在り、海賊ハ心の儘《まま》に乱妨して、帰りける」と。そのため、島民全員が島を離れ、玄界島は無人島と化して四〇年経過するが、「凶賊の憂《うれい》も止《とま》りしかバ、初めこの島に在りし源三郎と云ひし者、其故郷を忘れがたくおもひ、其の孫十二歳になるを携《たずさ》へて、慶長年中爰《ここ》に来り住みける、其の後、源三郎が親族、逐年来り住けるが、他民も来りて村里を成」したという。この孤島は、源三郎と一二歳の童子とともに蘇《よみがえ》ったのである。もしかりに、伝説上の鬼たちを海賊に見立てるとするならば、玄界島の島建てにあずかったという神童百合若のモデルも、ここに浮かび上がってくるといえるのである。

境界の島をケイマン国＝壱岐としたり、玄界島に想定して、百合若と結びつく異郷の地を特定化しようとする意図が百合若伝説を受容する人々の意識のなかに存在していたといえるが、国境に浮かぶ島々のなかでもとくに壱岐が百合若伝説の中心になっているのは、いったいどのような理由によるのであろうか。

百合若説経異伝

壱岐の百合若説経について研究した山口麻太郎によると、島内に異伝が三種類発見されているという。一つは、各段の末尾に祈禱《きとう》の文句を付したスタイルで、その系統は古くから壱岐にあったものではなく、おそらく平戸《ひらど》から伝わってきたものと考えられている。とくに、その奥書《おくがき》に、「近世の人百合若説経を作り替へ壱岐の一宮天手長男神社は百合若を祭ると虚誕を成す」という記述があり、近世に一つの作為が働いたことが推察されている。二つめは、全体が一種の経文のようになっているもので、これは代々、神職の馬場家に所蔵されていた。ちなみに、馬場家の先祖が祀ったという寄八幡《よりはちまん》の祭神は漂着神であり、かつ疱瘡《ほうそう》神であった。疱瘡神はしばしばヤボサ神となっており、それは聖域の土地神にも通じている。

三つめは、壱岐に独自のものといわれるイチジョー（一種の梓巫《あずさみこ》）に口誦《こうしょう》されていた。ここでは、イチジョーの存在が重要であり、山口が調査した時点では、長島イチジョーが三代目の生き残りであった（山口麻太郎「百合若説経について」『山口麻太郎著作集』同前）。かつて折口信夫《おりくちしのぶ》もイチジョーに注目していた。それはイチ（巫女）であり、湯立てのほかに、口寄《くちよ》せをも兼ねていた。また壱岐では、「御惣都《おそういち》」の名称が文献に残されていた。折口は、「いちじょぉの祀るのは、てんだいやう（＝ぼ）さで、稲荷《いなり》様はその一の眷属《けんぞく》で、やうさ様の下である。八尺もある黒塗りの木弓に麻の弦をかけて、其《それ》に南天をひいたもの（其《その》葉の油を塗るのである）を、伏せたゆりに麻縄で仰向《あおむ》けに二个処《かしょ》くびつて、其を前に置く。釣り竿《ざお》の様《よう》に反《そ》つた一尺五寸程の竹を二本持つて叩《たた》く。さうして、弓を叩いて神よせからはじめて、次に御籤《みくじ》あげをして其がすむと、百合若説経をよい程唱へる。さうやつておつとめをする中に、生き霊・死霊・げりょおげまつりが、皆よつて来る」（折口信夫「壱岐民間伝承採訪記」『折口信夫全集』一五、中央公論社、一九七五年）とのべている。これによって、イチジョーが霊を招き寄せるために用いるのが百合若説経であり、説経を唱えるとき、二本の竹で弓を叩いたことがわかる。

　イチジョーが祀る天台ヤボサは女神で、毎月二八日が祭日であり、そのおりに行われるお神楽《かぐら》のさいに、百合若説経が読誦《どくじゅ》されたのである。お神楽は、風打ち、または弓打ちとも呼ばれ、悪霊をはらう呪法《じゅほう》であるが、そのさいに、百合若説経が唱文の一つとして用いられたことは重要である。折口はまた、「口よせの外に、先々の予言めいた事を言ふと言ふ。いちじょぉは、鬼塚をまつるものだ、とある盲僧が言つた」（同前）とのべている。鬼塚は悪霊を鎮める場であり、それを祀るということは、怨霊を鎮める機能をイチジョーがもつことを示している。

壱岐のイチジョーと対馬の天童

ところで、百合若が好んだという踊りが壱岐に残されている。これは、巫女《みこ》が御幣《ごへい》を股にはさんで神前を往《ゆ》きつ戻りつしながら踊るという踊り方である（山口麻太郎「百合若説経梗概」前掲）。これと、イチジョーが祀る天台ヤボサが女神であることと関係するのであろうか。また、巫女であるイチジョーは、弓打ちとも称されるように、かつては弓を用いた。ゆり輪と呼ぶ曲物《まげもの》の輪の上に糸を張って弓を弾くと、まことに素晴らしい音色が出る。これによって、神霊と交流が可能となったのである。これを「ゆりわか」と称したという。「ゆりわか」は、ゆり輪を使って弓を鳴らしたところからの命名と思われ、これが、百合若説経を語る祭りの場に演じられたという。これは、百合若伝説の基底にシャーマニズムがあり、梓弓《あずさゆみ》の弦の音によって、神童が誕生したことを示している。

山口麻太郎は、壱岐の神官たちが平戸の松浦家の竈《かまど》祭りに奉仕しており、壱州神楽は、おそらくその影響によって成立したものであろうと指摘している。とりわけ竈祭りである荒神祭《こうじんさい》に百合若説経が用いられたことは注目される。山口はまた、百合若説経の作者は北九州在住の人物で、壱岐の事情にも明るい人間だったろうとのべている（山口麻太郎「百合若説経について」前掲）。百合若説経の道具立てが、壱岐において壱岐風に改変されて伝承されたことが想像されるのである。

ところで、壱岐にくらべると、対馬のほうには百合若伝説の分布は少ない。対馬の昔話のなかでは、美津島《みつしま》町雞知《けち》の事例が聞かれるにすぎない。しかも、そこには、壱岐のことはいっさい語られておらず、百合若の鬼退治は玄界島でなされたことになっている。この玄界島には、不思議な口碑がある。『本州俗諺誌《ぞくげんし》』（藤沢衛彦『日本民族伝説全集』八、河出書房、一九五六年）によると、かつて玄界島の山上に百合若の廟《びょう》があり、「この山を俗に男の高野《こうや》といふ。男子はこの山に登れば悪風起りて山 夥《おびただ》しく荒れて、時として命を失ふことあり、これは逆臣別府を憎み、男の心は佞奸《ねいかん》なりとの憤《いきどおり》なりといふ。女事はさはりなし」というものである。このなかでとくに「女人に障《さわ》りがない」という珍しい聖地（廟）が玄界島に置かれていたという伝聞記事がおもしろい。これは、イチジョーに類する巫女たちが百合若祭祀《さいし》に深くかかわっていたことを示唆するもので、そこから、男子禁制のタブーが語られていた可能性が考えられる。

これまでの研究のなかで、対馬の天童祭祀と対比して研究されてきたのが、壱岐のイチジョーによる天台ヤボサ祭祀であった。その特徴は百合若の呪文にあるが、その呪文が文芸化して、百合若説経・伝説として、一般に流布されていったのである。呪文の根源は、おそらく、境界の空間に神霊を憑依《ひょうい》させる巫女たちの実修にあったろうと思われる。そして、玄界灘に浮かぶ島々のなかで、とりわけ壱岐島がその舞台として選ばれたのは、この地が境界にあたり、その活力がより強く生み出されていたことによるものと思われるのである。

海人の民俗誌

『魏志倭人伝』の海人

『魏志倭人伝《ぎしわじんでん》』の倭人に関する記述は、中国大陸ないし朝鮮半島の人たちが、北九州地方を旅行したさいの観察記録であることが推察されている。

とりわけ、『魏志倭人伝』の倭の俗に関する記事については、数多くの研究があるが、ここでは、朝鮮半島の南端部から北九州あたりにかけての注目すべき民俗文化として、現在の民俗と比較しながら、考えてみたい。

『魏志倭人伝』によれば、朝鮮の帯方郡より倭に至るには、「海岸に循《したが》って水行し、韓国を歴《へ》て、乍《あるい》は南し乍は東し、その北岸狗邪韓国《くやかんこく》に到る七千余里」、そこから「始めて一海を度《わた》る千余里」で、対馬国に至る。そして、そこから壱岐（一大国）、一海を渡って末盧《まつろ》国に達する。末盧国は、肥前国東松浦郡名護屋《なごや》（佐賀県北東部）付近とされ、その地は壱岐・対馬と結びつく港であり、家並みが海浜沿いに続き、「四千余戸」あったと記されている。住民たちの生業は、「好んで魚鰒《ぎょふく》を捕え、水深浅となく、皆沈没してこれを取る」というものであった。この一帯はリアス式海岸特有の深い溺《おぼ》れ谷《だに》が続いており、農業はできず、もっぱら海に依存する生活であったから、潜水漁で魚貝を獲《と》る海士・海女たちが中心なのである。北九州沿岸には、こうしたアワビ獲りを主生業とする海人たちの住処《すみか》があり、旅人たちの眼には珍しく映ったのである。『魏志倭人伝』の倭の俗を語る段で、倭の男子は大小を問わず「皆黥面文身《みなげいめんぶんしん》」していたこと、文身（いれずみ）の方法に「尊卑差あり」、さらに「今倭の水人、好んで沈没して魚蛤《ぎょこう》を捕え、文身しまた以《もっ》て大魚・水禽《すいきん》を厭《はら》う。後やや以て飾りとなす」という記事がよく知られており、これは、東アジアの民俗文化全体のなかで論じられるべき性格をもっている。

こうした海人たちは、海上の島々を往来し、漁撈と交易にあたっていたのであり、対馬・壱岐から九州南端、奄美群島にいたるまで、海人族が活躍していたことは十分に想像できる。鐘崎から各地に出ていったと伝承されている海人の潜水漁法は、壱岐・対馬・生《いき》月《つき》（長崎県北西部）・小値賀《おじか》（長崎県西部）あたりにまで認められており、これまでにも注目されてきた。しかし、現在までの潜水技術の変化は各地でいちじるしく、『魏志倭人伝』の実態の残存とは、単純には言い難くなっている。

現在の漁撈習俗

山口麻太郎や折口信夫が昭和初年、壱岐の海士・海女の習俗を記録にとどめていたことはきわめて貴重である。とくに小崎蜑《おざきあま》は、男ばかりで、調査時点ですでに消滅寸前であった。山口は、蜑の仕事には二つの革新があり、それによって盛衰が生じた、と指摘している（山口麻太郎『壱岐島民俗誌』一城社、一九三四年）。

その一つは明治二〇年（一八八七）の潜水メガネの発明である。これは、従来の海面に油をたらして海水を澄ませるトウシの方法にとって替わった。この潜水メガネが流行したため、しばらく大漁が続くことになるが、結果的には、この潜水メガネが、アワビの濫獲をまねくことになったという。もう一つはクリコミ漁法の導入である。これは、蜑が錘《おもり》を抱いて沈下し、浮揚のさい、「せみ」をもって船上から蜑を曳き上げる方法である。この方法によって、蜑は沈下と浮揚の時間を短縮できるようになり、海底での就漁の延長だけでなく、漁場の開発にも効果があり、多くの利益をあげることになった。しかし、深海でのクリコミ漁法の普及も、アワビの棲息《せいそく》繁殖の地域を侵犯することになり、アワビの漁獲は減少する方向をたどることになった。

この小崎蜑の守護神はヒシゴサンと呼ばれる小祠《しょうし》で、大井戸を中心とする水神であった。これは、かつて家舟の蜑が土着したさい、井戸の守護霊が小祠化した痕跡らしい。井戸の側には大榎《おおえのき》が祀られていた。また、小崎の氏神国津《くにつ》神《かみ》社は、もとアラハカ様と呼ばれ、御神体はカメ（あるいは、うつろ舟）に乗って漂着し、シカの辻に祀られたといわれる。シカの辻は、対馬から肥前の方を見渡す高い丘の上にあり、沖を通る船はいずれも帆を一段下げてアラハカ様を祈る風があったという。そうしなかった他国の船は、しばしば神の怒りに触れて遭難したという。シカの辻は境界性をもつ一種の聖域であり、アラハカの名称もそれにふさわしいものといえる。小崎蜑はさらに、渡良《わたら》と沼津の境界にヒ島と呼ぶ聖地をもっており、さきのヒシゴサンといっしょに祭りを行った。このヒ島のなかには池があって、その池に櫛《くし》やかんざしが浮かぶことがあり、これを神意とみなした。ここにはまた犬神も祀られていた。この犬神は漂着した犬の死骸で、はじめはこれを小崎の人が嫌ってつき流したが、武生水《たけうみず》の弁天崎にたどりつき、その地で祀られたという。ところが、犬神の祟《たた》りが生じて種々の不幸が起こったため、ふたたびヒシゴサンの祭りが行われたときに祀られるにいたった。もう一つ、小崎において境界性を強く意識されているのが、渡良浦から牧の沖にかけてのヤマシロと呼ばれる場所である。ここは竜宮の入口ともいわれ、蜑がここに潜ると、突然北風が吹きだして荒れると恐れられていた（同前）。

壱岐の葬送と供養

山口麻太郎の『壱岐島民俗誌』によると、小崎にはかつて泣き女がいた（壱岐では小崎だけに残っていたといわれている〈同前〉）。泣き女はお金をとって泣くわけではないが、葬式・供養のおりには、親類・家族、近隣の者たちが、「俺も一泣き泣き女たちに加勢しようか」といい、墓に寄りかかって泣いたという。泣き方は、「アヨッコレヨー、ランナンヨーイ、アヨマコリカラ、ダリバランナンチャヨカナエー」と、くり返した（同前）。

この泣き女のようすは、『魏志倭人伝』における葬送習俗の記事「その死には棺あるも槨《かく》なく、土を封じて冢《つか》を作る。始め死するや、停喪《ていそう》十余日、時に当りて肉を食わず、喪主哭泣《こくきゅう》し、他人就いて歌舞飲酒す」と対応する。この記事はしかし、泣き女ではなく喪主が大哭きに泣いたと記している。あるいは、喪主を女性とする族制が成り立っていたとも考えられるが、それ以上のことははっきりしない。喪主をのぞく参列者たちが歌舞飲酒したというのは、モガリ（殯）の状況を示している。また、殯《もがり》を終え遺体を埋葬したあと、「挙家水中に詣《いた》りて澡浴《そうよく》し、以て練沐《れんもく》の如くす」という禊祓《みそぎはらい》が行われていた。これは明らかに、死穢《しえ》の浄化を前提にしている。川の中に入って浄めるのは現在の民俗と変わらないが、死穢と葬制の関連から比較すると、対馬峰町におけるミズマツリ墓の存在が興味深い。ミズマツリ墓は、両墓制のうちの詣《まい》り墓に相当するもので、墓参りのことを「ミズマツリに行く」と表現した。ミズマツリはおそらく、水を手向《たむ》けることからきていると思われる。ミズマツリ墓とは死体を埋葬しないカラムショ（空墓）のことである。桜井徳太郎の調査によると、峰集落では最初、山中に遺体を埋めていたという。その後、埋め墓への墓参がしだいに面倒となり、新たに詣り墓を村の近くに設けた。これは両墓制成立の典型的な事例といえる。本来、埋め墓は、死穢が伴っているので、それを避けるために山中奥深くにさだめられたのである。埋め墓が本墓で、本墓に遺体がつぎつぎと埋められていくうちに、うっかり古い人骨を掘り返してしまうことがある。すると丁重に骨を洗い浄め、肉片が付着している場合には、火葬して壺に入れ、本墓の納骨部へ収納した。これを移葬・洗骨の遺制とみることも可能であり、対馬では約三〇年前、共同墓地への改葬移葬がさかんとなり、こうした事例がよく聞かれたという。

上対馬町琴《きん》の旧家では、本墓が石垣にかこまれ、その外側に十数基の古石塔があり、それらがかつてのミズマツリ墓だということで、桜井の調査時には、廃止寸前になっていた。

桜井は、両墓制の分布が近畿地方に中心があり他地方には稀薄であるにもかかわらず、対馬に一時期、ミズマツリ墓が成立していたのは、対馬の民俗文化に禊祓の観念がより強かったためではないか、と推察している（桜井徳太郎「対馬のミズマツリ墓」『桜井徳太郎著作集』九、吉川弘文館、一九八七年）。

『魏志倭人伝』に記述されているように、死体を冢ごとに個別に葬るという分散的な埋め墓が、一ヵ所に集約させられて本墓になったということが、対馬の人の死穢の観念に影響を与え、その後、火葬の普及によって、ミズマツリ墓のように水によって浄化し穢《けが》れを祓うということが不要になったことが推測される。

聖地と天道信仰

対馬には古風な娘のカネツケ祝いが残存しており、これと対応する若者（男子）の成年式として、石積み・石こづみの習俗があった（瀬川清子『若者と娘をめぐる民俗』未来社、一九七二年）。これは、石壇や石塁を祭りの当番にあたった若者が積み上げる習俗である。たとえば、対馬木坂《きさか》（峰《みね》町）のヤクマ祭りは、毎年、三人の若者がトウマエ（頭前）となって行われる。一般に男子は一六歳になると一人前として認められるが、そのなかから三人の頭《とう》が選ばれ、祭りの準備に入る。祭日は六月初午《はつうま》の日である。三人の若者は甘酒をつくって準備し、祭りの日の早朝、甘酒をつめた角樽《つのだる》をかかえて、海沿いの道を神の谷に向かって走っていく。これは若者たちの競争であ

成年式石積み習俗

る。一歩でも早く神社の鳥居に達するのがよいとされた。神前で神主の祝詞《のりと》がすむと直会《なおらい》となり、それが終わると、頭の若者三人が、浜の丸石を運んで神前の石塔を積み上げる。高さ約二㍍ほど積み上げたあと、前年積み上げた石積みが波にさらわれ崩れかかっているのを直した。

この石積みは、男子誕生を祈るためのものといわれ、一六歳の長男のみが頭になることができた。頭は三年間、死穢に触れてはならないというタブーを伴っていた。瀬川は、こうした石積みや山入りの行事が対馬の天道祭祀に取り入れられているのは、修験道《しゅげんどう》の影響によるものとみている。

天道祭りのさいに石積みを行うことは、明らかに、対馬に独自の展開をする天道信仰と深くかかわっており、天道祭祀を含む対馬神道の信仰体系については、これまでにも、多くの研究者たちが注目してきた。なかでも三品彰英・鈴木棠三・和歌森太郎、近年の永留久恵による成果は、天道信仰の本質をしだいに明らかにしつつある。

天道信仰と聖地

天道信仰の基盤には原初的な聖地信仰がある。この現象は、本来、境界に発現する民俗宗教の一形態だったと考えられる。対馬の聖地信仰は、歴史的な経過のなかで多くの要素が複合しており、現実に霊力や呪力《じゅりょく》とのかかわりによって説明されるよりも、強烈なタブーの側面が伝承されているといってよい。そこで、こうした傾向を助長させた理由が何であるのかを、考えておく必要がある。

周知のように、壱岐・対馬の地には、多様な聖地が存在していた。たとえば、折口信夫の聞書き（折口信夫「壱岐民間伝承採訪記」『折口信夫全集』一五、中央公論社、一九七五年）によると、壱岐の渡良《わたら》三島（郷ノ浦町渡良の大島・長島・原《はる》島）には聖地が満ちていた。原島の真北の鼻の鋒《ほこ》崎で石をとって海に入れると、風が荒れると信じられていた。また、長島の天満宮の御神体はじゃんこ石のようなもので、それが漂着して、「じゃりん〳〵」と不思議な音を立てて毫光《ごうこう》がさす。そこで、「神なら、仏なら、復《また》よるであろう」と海へ投げると、また「じゃりん〳〵」と岸によるので、天神に祀りこめたという。また大島では、「しけの日には、どうぶるひで物を搗《つ》く音をさせるものがあると言うてゐる。其は、以前、対州（対馬国）の人が伊勢参宮の戻りに、此《この》沖あひで大西風に遭《お》うて死んでからの事である。常娥島《じょうがしま》では、雨の日は、海の中に機《はた》を織る音が聞える」という。こうした海辺に沿った祟《たた》り地のほか、「ヤボサ神」「おたっちょ」「山伏塚」などには、共通して、祟りとそれを忌避する伝承がある。

『対馬島誌』（対馬教育会編、一九二八年）をひもとくと、いたるところに、霊地・祟り地の記事がある。たとえば、「通らずが浜」と名づけられた場所が各地にあった。「大千尋《おおちひろ》藻伊和津留幾《もいわつるき》神社の前浜に在り、古《いにしえ》は船を著《つ》くとも陸に揚《あが》ることを得ず、若《も》し之を犯すものは、足腫《あしはれ》の病を生ずと云ひ、俗に此処を足腐《あしぐさ》れと呼びたり。九月八日の祭礼には丑《うし》の時を以て式を行ひ、村人船より送る者は揚らず、神主一人至《いたり》て祭り畢《おわり》て、後に向かず其儘《そのまま》退きて船に行当るを度として乗船せしと云」というのは、仁位《にい》の事例である。また、「豊浦の東方舟路六町余の処、長く突出せる小半島あり、南の海辺に長三十余間幅三四間の砂《さ》洲《す》あり、嶼《しよ》ありて山と連接す。伝云素戔男尊《すさのおのみこと》、五十猛神《いたけるのかみ》を率ゐて新羅《しらぎ》に渡らせ給ふの時の行宮《あんぐう》の跡なりと、是《これ》則ち島大国魂神社の磐境《いわさか》なり。此処、古来人の祭り又は通行を許さず。今も此浜の南側には、鉄桿《てつかん》を立て針金を張りて垣を作り以て絶対に通行を禁止せり」(同前)など、厳しいタブーを伴う聖地が各地に設定されていて、枚挙にいとまがない。

聖地と天道地

こうしたなかで、突出した聖地として知られる天道地については、これまでもしばしば紹介されている。なんといっても、豆酘《つつ》(厳原町)の事例が注目されてきた。竜良《たてら》山の西および南に「率土《そつと》の内《うち》」、海辺の浅藻《あさも》に「率土の浜」という地名がある。ここは、申叔舟《しんしゆくしゆう》の『海東諸国紀』に記された「山ノ草木、禽獣、人敢《あえ》テ犯《おか》ス者無シ、罪人神堂ニ走レバ則《すなわ》チ亦敢《またあえ》テ追捕《ついぶ》セズ」という、際立ったアジール性が注目された。平山東三の『津島記事』（文化六年〈一八〇九〉）では、この天道地を天地を祀る祭場として解釈しているが、「卒土」は、中国の古文献、たとえば『魏志《ぎし》』に記された「諸国各別 邑蘇塗《しょこくかくべつゆうにそと》」とある「蘇塗」と比較されるもので、犯罪人がこの中に入れば追捕されなかった。豆酘の事例では、「卒土」には磐境があり、「八丁角」と称していた。伝説によると、浅藻の八丁角は天童法師入定《にゅうじょう》の地とされ、竜良山麓のほうは天童法師の母の墳墓と称された。三品彰英の指摘以来、ここに母子神信仰が投影されていることが定説化されている（三品彰英「対馬の天道伝説」『三品彰英論文集四　増補　日鮮神話伝説の研究』平凡社、一九七二年）。「卒土」は、口碑によると「おそろしどころ」と呼ばれており、こんもり繁った累石壇が中心となっていた。峠の下り口からこの卒土を見渡せる場所を浅藻壇と呼び、村人はここから「ソト見」を行った。ソト見とは、忌中が明けた家人が忌明けを報告することで、家人は「ソト見に参りました」と述べて、小石を「卒土の浜」目がけて投げつけ、あとを振り返らずに帰ったという。ソト見がすまない間は、この浜を通ることができず、また、沖合を舟行する場合も、舟人はその間、船底にひれ伏していなければならないなどの厳しいタブーが課せられていた（同前）。ところで、宮城県牡鹿《おしか》半島突端に接する金華《きんか》山《ざん》も不入の聖地で、黄金出土の伝説を残す地であるが、この金華山の山中に、「蘇字《そじゅ》」と呼ばれ、俗人がぜったいに入ってはいけないとされる空間があり、黄金出土の地だったという言い伝えがある。ここではソジュと発音するが、対馬の率土とともに、『魏志』の「蘇塗」に通底している。聖地一般にたいする表現と思われる。

ソトにたいするタブーのあり方には、神道的なものと、仏教的なものの関与がある。たとえば、仏教的色彩が色濃く出ると、この地は空也の遺跡とされた。元禄三年（一六九〇）には、僧梅山玄常《ばいざんげんじょう》によって「天道法師縁起」が作成されている。この天道法師入定の地とか、天童菩薩の墓所とみなすのも、仏教的発想によるものである。また、三品は、豆酘の「おそろしどころ」が、別称仙山のサエという地名になっていることに注目し、サエの神、サイの河原といった境の神と同質の伝承とみている。さらに、累石壇が墳墓ではないにしても、そこに境界の観念がこめられていることを指摘しているのである。

和歌森太郎は、天道地に聖地が収斂《しゅうれん》する以前の段階を想定している。天道シゲという呼称に注意すると、豆酘の天童にたいする遥拝所がシゲ地であり、佐護湊《さごみなと》の天童がシゲを母神とする御子神《みこがみ》であるという伝承がある。吉田のシゲノモトと称する地には、佐護湊の天童と関係する次のような伝承がある。かつて、吉田の旧家が佐護湊から嫁をもらったことがあった。そのとき、嫁の財産として米一二俵がよこされた。しかし、離縁のとき、糠《ぬか》一俵しか返さなかった。そこで佐護側は怒り、天童様の土を吉田に運び、祟らせようとした。土を運んでいくとき、途中で土がこぼれ、そこに大きな橡《とち》の木が出現し、うっそうと繁った。今、ここがシゲノモトにあたるというものである。しかし、このような天童（道）伝説が結びつけられる以前にも、おそらくシゲ地が存在していたと考えられる。そして、その後天道信仰のイメージが強烈になるにしたがって、シゲ地が天童に付属する部分として位置づけられてしまった。天道地のタブーは厳しいが、シゲ地の場合には、足を踏み入れてもよい。しかし畑にしてはいけないとか、木を伐ってはいけないといった「二重の聖地のいわば外廓地」にあたる性質が表面化していることになる（和歌森太郎「対馬の天童信仰」『和歌森太郎著作集』一〇、弘文堂、一九八一年）。

壱岐のヤボサ神

聖地の属性としてこれが祟ることを強調する場合、ふつうは、その聖地に祀られる神の存在が語られる。対馬では、明らかに天道信仰が突出していた。一方、壱岐のほうでこれに匹敵するのはヤボサ神であり、そこにイチジョーが関与することは、前述したとおりである。このヤボサはシゲ地と同一のものと考えられており、ヤブとかシゲルという、ヒモロギに類する素朴な聖地である。そこに新たに付与された神格の霊威を説くとき、聖地の個性がより強調されるのである。

たとえば、『壱岐国続風土記』に、「箱崎村民云、近世初頭、触子《ふれこ》をして新田尾石神山の木を役薪《えきしん》に伐らしむるに、何かは知らず、木の上より鳴動して下り、触子が腰に当れり。故に驚き其木を伐らずして帰る。又季教大呉竹壱本申請《もうしう》け、僕《しもべ》を遣して伐らしむるに、僕二本伐り取りければ、或《あるい》は物音し、或は異火見え、種々奇怪あり。かくの如き事、対馬の天道山、渡良の志賀山、本宮の八幡山等にあり」（山口麻太郎「吉野秀政説話集」『山口麻太郎著作集』一、前掲）という記事があり、聖地の祟りがまず石神から発現していることがわかる。そしてこの石神は、いわゆる磐境に類する石壇として聖域に祀られていたものであり、ここには、天道地と共通する祟りが具体的に説明されている。こうした祟りの発現を解説する宗教者については、一つの傾向が認められる。それは、壱岐・対馬の民俗宗教がともに神道を中核とする信仰体系をもっていることで、「彼の嶋ハ、卜部《うらべ》、忌部《いんべ》を置かれて神事を行ひ、異国へ渡る船も、此の嶋にして斎《ゆまわ》り浄《きよまわ》りて、海上安全を祈りしさまなれば、斎清嶋《ゆきしま》と呼びしにや」（『稜威道別』三）という説も生まれていた。

神道の勢威が強かったことを物語る伝承は数多くある。たとえば、壱岐の住吉大神の祭日、四月二八日を軍越《くさごえ》祭りと呼び、神主が近隣七ヵ所を馬で巡行して神事祈禱をする。この神主一行の先を行くことははばかられ、「其さきをゆけば、忽《たちまち》に死すといへり」といわれた。「爰《ここ》に山伏三人、むかふより来る。神主是《これ》を見て、難有《ありがたか》るべし、道をよけよ、といひければ、山伏ども聞きて、我修験道に達せしなり、何のわざはひかあらん。汝《なんじ》こそ災難にあふべし、といらたか数珠《じゅず》をおしもんで、神主を祈り殺さんとせしが、即時に、同じ枕に死してけり。是を道の傍《かたわら》に埋めしとかや」(『諸神賞罰記』巻六)という話などは、山伏と神主の争論によくあるケースである。こうした山伏の登場は、このあたりが、彦山《ひこさん》修験の進出が一方でめざましかったことを示している。これに対抗して、壱岐の神職は、民間のヤボサ神の祭祀にイチジョーともども関与し、とくに陰陽道《おんみょうどう》を大幅に導入しているという特徴があった。神職は、祭り・カマ祓《はら》いなどを執行し、藩主松浦家にまで出向して、壱州神楽を演じていたのである。

対馬神道と天皇制

式内社が壱岐に二四社、対馬に二九社と異常に多いのは、注目される現象である。対馬神道の語は、すでに江戸時代初期に用いられている。「対馬流神務」にあずかる神職も、壱岐と同様、卜部に属し、ホサドン(法者)の別称があった。彼らはカマド神の祭りを司《つかさど》っていたことでも知られており、その神は、ホタケサマという独自の家の神の神格にされていた。

対馬神道を中心とする天道信仰の体系的研究を行った永留久恵は、対馬神道と天皇制とのかかわりを指摘している（永留久恵『海神と天神』白水社、一九八八年）。豆酘《つつ》には、天道の御神体が赤米で、この赤米は天童がもたらしたという伝説がある。そこには、あたかも宮中儀礼の鎮魂祭や新嘗祭《にいなめさい》に対応するかのように思われる要素が示されている。まず、赤米で御神体をつくるのが一〇月一七日、翌一八日に初穂《はつほ》米を共食する神事があり、さらに悠紀《ゆき》・主基《すき》に対応する祭殿として、豆酘のユキ宮（行宮）、佐護のスキ（鋤）宮があった（同前）。すでに『対馬国大小神社帳』（対馬教育会編『対馬島誌』一九二八年）には、神功皇后と天童の母神とを結びつけ、行宮《ゆき》を神功皇后の行宮《あんぐう》とする由緒が作られている。また、これに対応する佐護湊の天道女体宮（現称、神御魂神社）の対岸に鋤崎という地名があり、ここに検討すべき余地がある、と永留は指摘している。

すでに本居宣長も、『古事記伝』巻五のなかで、壱岐が『万葉集』に「由吉能志麻《ゆきのしま》」とあるのを問題にしている。「由伎《ゆき》」と「行《ゆき》」は通じており、さらに、斎忌も伊岐と同じ意味であろうとして、「此の嶋にして神祭り坐として斎忌のことありけむ故の名にもやあらじ」と、壱岐の語源を説明している。また、対馬では、上県郡の天神多久頭多麻命《たくずたまのみこと》神社は、今、佐護湊村にあり、主基《すき》社ともいう。一方下県郡多久頭《たくずたま》魂神社は、今、豆酘郷豆酘にあって、悠紀宮ともいう、という説を唱えている。すなわち、壱岐・対馬は、ともに悠紀・主基の設置を軸とする大嘗祭の祭祀体系と関連する、と推察されているのである。

天道と天皇信仰に根ざした対馬神道

壱岐・対馬の神道が原初的な聖地信仰に根ざしていることはいうまでもない。これが宮中祭祀と類似するという点についても、たんなる語呂合わせ以上のものが含まれているように思われる。その理由として、永留が指摘するように、一つは、宮中の神祇《じんぎ》官をつとめた卜部氏が対馬神道の司祭者でもあったから、当然、中央の祭式を招来したとみる視点である。他方、対馬の伝統的な神道が卜部氏進出によって中央へ伝播《でんぱ》したとみる視点が考えられる。大和《やまと》の王権儀礼が確立していくプロセスにおいて、地理的に周縁と思われる壱岐・対馬の祭祀方式が、逆に強力な境界性を示しているゆえに、中央にたいして強いインパクトをもって宮中祭祀に影響を与えた。その場合、とりわけ聖地・神社の卜占に関係する古神道がその性格を明示した、ということになるかもしれない。

最後に、対馬の聖地にたいする興味深いエピソードを記しておきたい。それは、宮本常一が『忘れられた日本人』の一人として発掘した、対馬浅藻の住人梶田富五郎の言である。富五郎は、山口県久賀の出身、浅藻の開拓者の生き残りであった。この地に来たのが七歳のときで、明治九年（一八七六）のことである。「元来浅藻ちう所は天道法師の森の中で、人の住んではならんことになっておった。このあたりでは、そういうところをシゲというてなア、あそこは天道シゲじゃけに住んではならん、けがれるようなことをしてはならんと、土地の人はずいぶんおそれておった。浦の奥の浜は通らずの浜というて、人一人通ることは許されんだった」とのべている。

古来の天道の聖地に、他所者がなぜ住みつくことができるようになったのか。対馬の人たちが「『たいがいのことはきいてあげられるが、あそこはシゲ地じゃからたたりがあるといけん』というから『たたりがあってもええ、それに生き神さまの天子様が日本をおさめる時代になったんじゃから、天道法師もわしらにわるさはすまい』ということになって、浅藻へ納屋をたてることをゆるしてもろうて久賀へ戻って来やした」という。こうして、聖地は、人間の側に開かれたが、そこに示された、富五郎の強烈な生活意識は印象的である。この場合、「天子様」の信仰も適当に利用されているのである。つまり天道であれ天皇であれ、境界の地を開拓していく人の意志の前に、それは自由自在に無化されてしまっているのである。こうした境界性に発し、境界を越える力をもつ民俗文化が境界の海の領域には生じていたのである。そしてそれはあらゆる制度的枠組を解き放つ可能性を秘めているのである。

以上、海からの視点として、一つは太平洋沿岸の黒潮本流のもたらした鹿島・伊豆の海域を、他はやはり黒潮の支流というべき壱岐・対馬の浮かぶ海域を、それぞれ、境界性・周縁性とみて、そこに生ずる活力ある民俗文化の存在を考えてみた。海の彼方から漂着してくる何かが、この境界領域で潜在的にある霊力を結集させている。それが列島文化の特徴を顕にすることがある。海の視点を強めることにより日本の歴史や民俗文化のもつ広がりをさらにとらえたいものである。

海から都市へ

海の彼方から大鯰

前章では、朝鮮海峡に点在する壱岐《いき》・対馬《つしま》の島々のもつ境界性に注目し、そこに顕著に現われている民俗文化、たとえば百合若《ゆりわか》伝説や天道信仰のもつ意義について考えてきた。

地震鯰の発想

すでに黒潮文化を究明したさい、女護島《にょごがしま》・為朝《ためとも》伝説、そして聖なる神の船の存在などが浮かび上がっており、いわば海のもつ境界性から発する民俗文化の実態をそこに垣間見たことになる。

海からの視点を強めていくと、そうした民俗文化が日本の場合、歴史と民俗のあいだからほとばしり出てくることに関心があるわけで、そうした事例をさらに注目したいと考える。

ところで先の鹿島踊の発生地点として重視される鹿島地方には、境界を守護する鹿島大神が祀られていた。この神は巨大な力を使って地底にいる大鯰《おおなまず》を要石《かなめいし》で押さえこんでいるという俗信がある。地底に大鯰がいて大地震を起こすという信仰は、地震に関する神話や信仰の世界的な分布図の中に位置づけられている。大林太良の分類によると、地震鯰は、大地を支えている動物が身動きすると地震が起きるという類型であり、その動物は牛か蛇か魚である。地震鯰はそのうちの世界魚に相当する（大林太良『神話の話』講談社学術文庫、一九七九年）。また大地を支える巨人が身動きすると大地震が起きるという類型にも入るだろう。この鯰を押さえる鹿島大神のイメージは、巨人である。巨人が要石を押さえているうちについ手をゆるめたりすると、鯰が動きだすという説明がある。

鯰は淡水魚の一種であり、インドネシアから中国をへて日本列島におよぶ地帯に生息している。鯰の独特の風貌が擬人化されて鯰男のイメージとなったのは日本の庶民の間であり、地震鯰の発想は、日本の民俗文化の一つの特徴といえるかも知れない。地震鯰は地域性が強いが、世界蛇の方はより普遍的である。これはイランからアッサム、ビルマさらにインドネシアの島々に分布しており、その中心はインドとその影響をうけた東南アジア地域である（同前）。大地の底に竜蛇がいるという神話は、インドでは竜蛇がぐるりと世界を取り巻いているという考え方になっている。

鯰と世界蛇

興味ぶかいことは、日本の地震鯰は世界蛇の変形と思われることであった。岩切信一郎の指摘によると、江戸時代に通称「地震鯰の暦」とよばれる伊勢暦の表紙絵があり、このうち最古のものは寛文四年（一六六四）である。表紙の絵は中央にデフォルメされた日本国図が描かれ、それをぐるりと竜蛇が取り巻いているという構図である。そして首尾の一致する地点がちょうど「鹿島」にあたっており、宝珠の形をした要石が打ちつけられていて、その脇に「ゆるぐともよもや抜けじの要石鹿島の神のあらん限りは」の詞歌が記されている。この竜蛇は当時地下にあって大地震を起こす存在であり、次の段階で蛇→鯰への変形が起こったという（岩切信一郎『「鹿島の神と鯰」絵考』茨城県鹿島町企画課、一九八七年）。江戸時代初期には、日本にも世界蛇の思考があり普遍的な分布圏のなかに位置していたのが、江戸後期に至って鯰となった。とりわけ江戸に流布していた暦書の類、たとえば天保一一年（一八四〇）に書かれた『三世相』の口絵に「地底鯰之図形」があり、岩切が指摘するように竜蛇が取り巻きながら、頭と尾の合わさったところが鯰顔となっている。

竜蛇から鯰への変化が談林派の俳諧のなかによみとれる事例を気谷誠が紹介している（気谷誠『鯰絵の風土と時代』茨城県鹿島町企画課、一九八七年）。それは延宝三年（一六七五）の『談林十百韵《だんりんとつぴやくいん》』の付合《つけあい》で、そこに「此日本国は鯰がいたゞきてをりといひならはせり」という文句がある。それより約一〇年以前、寛文二年（一六六二）の京都大地震を取材した浅井了意の『かなめいし』には、「五帝竜王この世界をもち、竜王いかる時は大地ふるふ。鹿島明神かの五大竜をしたがへ首尾を一所にくゞめて鹿目《かなめ》の石をうちをかせ給ふゆへに、いかばかりゆるとても人間世界はめつする事なし」とある。この発想は京都の知識人たちのものと推察されるが、この竜王を鯰に見立てたのは江戸人の考えである。気谷は、これを江戸の俳諧師たちの洒落《しやれ》だと指摘している（同前）。

鯰と巨人

さらに別のヒントでは、古地図に描かれた日本列島の地形が、一見鯰の姿をイメージさせたのではないかという（今村明恒『鯰のざれごと』三省堂、一九四一年）。たしかに行基式と称されるこれら古地図は、列島のイメージを鯰あるいは鯨に似せたものであり、別に地震鯨といってもよいくらいである。重要なことは、この巨魚を巨人が石か剣で押さえているという考えである。鹿島明神は、建御雷命《たけみかずちのみこと》であり、高《たか》天原《まがはら》から降臨して国土を鎮めた功績により、東国の境界に守護神として鎮座した。とくに北方に向かって聳立《しょうりつ》する巨人の面影がある。この大神が、油断して要石を押さえるのをゆるめたりすると大地震が起きるというモチーフは、阿蘇山の神話にもうかがえる。阿蘇の大神は建磐竜命《たけいわたつのみこと》である。この神はかつて天皇の命により阿蘇に入った。外輪山からみると、そこは巨大な湖である。そこで大神は外輪山の蹴破れそうな場所を探してそこを蹴破り、湖水の水を放出した。湖の主であった大鯰は流出して、麓の一の宮町にとどまったという。大鯰がすむ川を黒川といい、別称鯰川ともいう。この鯰は大神の眷属《けんぞく》であるから食べてはいけないといわれている。また巨大な鯰で尾が分かれて六ヵ村にわたっていたとか、若宮神社のご神体が洪水で流されたが、鯰によって助けられて戻ってきたという伝説もある。また大神によって大鯰が殺され、その死体は湖水とともに黒川を流れ落ち、たどり着いた土地の名を鯰といったり、大鯰の身体が六荷もあったので、その地を六嘉と命名したという地名伝説もある。要するに、阿蘇大神は巨人であり、踏んばって押さえていた大地を蹴破ったことにより、湖水の底の大鯰が暴れたことになる。鯰以前に、たんに大魚が湖底に臥していたという伝説があり、大魚は大神の国土建設以前の地主神とする考え方もある（村崎真智子「阿蘇の大魚と鯰」『日本民俗学』一九三、一九九三年）。阿蘇山頂には「神霊之地」があり、『続日本後紀』承和七年（八四〇）九月の条にも記載されている。天下に異変あるときには、この地に対して朝廷からの祈禱があり、奉幣が行われたと伝えている。

阿蘇山の神話を大地を支える巨人の変形したモチーフとみなすならば、これはむしろ、朝鮮半島に多く類話がみられるものである。ここでは押さえこんでいるはずの竜蛇や大魚の影が薄くなっている。阿蘇では、大鯰が暴れる伝承が途絶えているが、大神の眷属として守護霊に化して、現在まで伝承されているのである。

福岡県筑紫野市には、鯰の形をした三個の大石があって、これを「鯰石」と称していた。この石はかつて菅原道真が鋤柄《すきえ》川の鯰を斬り殺したのが石に化したものといい、大旱《たいかん》がつづいたとき、この石を酒で洗って祈ると雨乞いに霊験があると伝えている。ところが明治六年（一八七三）に雨乞いをしたとき、この石を焚いてしまった。それ以後石が裂けてしまい鯰がそこから多く発生してきたという話もある。

物言う魚

香川県大川郡大川町の田面治郎池の大鯰の話は、阿波の鵜匠《うしよう》が粟飯《あわめし》を食べているところへ一人の小僧が現われて、鵜匠に話かける。鵜匠は、田面の大池で大鯰を鵜を使って捕えるつもりだと答える。小僧は、あの池は広いので、大鯰をとるのは難しい。汀《みぎわ》の方から鵜を入れたらよいと教えた。そして鵜匠は小僧に持参していた粟飯の握り飯を与える。池にくると漁師は汀からではなく、逆に深い所へ鵜を入れて、大鯰を追い回した。鯰は三日三晩逃げまわり、そのため池は赤い泥水になってしまった。最後に大鯰は池の上に浮き上った。その鯰の腹をさくと、中から粟飯が出てきた。漁師は先の小僧が鯰の化けたものであることを知った。この大鯰は池の主であったので、祟《たた》りがおこり、大池には大豪雨が降り注ぎ、一晩で堤が決壊してしまったという（『日本伝説大系』一二、みずうみ書房、一九八二年）。

この伝説には共通したモチーフがある。大鯰が水界の魚王で、危険が迫ったときにそれを回避しようとして、人間たちにメッセージを送る。しかし人間はそれを十分にうけとめないままに、自然界の破局が起こるというものである。ここでは大鯰が登場しているが、それ以外にもウナギ・イワナ・コイ・サンショウウオなどもあって、魚類と人間の交流のあり方がまず考えられていたのである。魚たちの住処《すみか》が、人間の侵犯行為によって、破壊されるというところから、「物言う魚」の存在がクローズアップしている。そのことは天変地異という出来事が、人間に対する天譴《てんけん》であるとする原初的心意にもとづいていることを示唆している。

大魚はいずれも水界の主であり、その支配する自然界が人間によって侵食されることを未然に防ごうとして失敗した。その恨みから大洪水・大津波を起こすという結末に至っている。こういう物言う魚型の鯰の伝説がまずあげられる。

鯰を食べない伝説

次に鯰を食べてはいけない、という禁忌《きんき》をもつ伝説がある。これは佐賀県佐賀郡大和町《やまとちょう》の淀姫（与止日女）神社の縁起によっている。それは、次のような内容であった。

淀姫さんの氏子にはなまずを食べてはならぬという掟《おきて》があって、食べれば腹が痛むという。その昔、町を流れる川上川には魚がたくさんいたが「かなわ」という、まむしが年を経て変化《へんげ》したという怪物がいた。夜更《ふ》けになって川上の橋を渡ると、このかなわに襲われて死んでしまうので、土地の人はこの得体《えたい》の知れない怪物に恐れおののいていた。ある夜二人連れの親子が舟に乗って川魚をとり始めたが、思いもよらぬ大漁なので時のたつのも忘れて夢中で漁をしていた。すると突然火の玉のようなものが舟へ近づいてくる。これが日ごろ聞いていたかなわだと思った途端、二人とも仰天《ぎょうてん》して気絶してしまった。それからどのくらいたったのか、ふと気づいて辺りを見ると川岸に三十センチ余りの大なまずが死んでいた。その腹がふくれているので、二人はなまずの腹を切り開いてみると中にかなわをのみ込んでいた。さてはこのなまずが危ないところを助けてくれたのかと、村人に告げてねんごろに大鯰を葬ったうえ、今後はどんなことがあっても決してなまずを捕らない、なまずは食わないと淀姫神社に固い誓《ちか》いを立てたという。また、なまずは淀姫さんのつかい（使者）として食べないともいわれている（『日本伝説大系』一三、みずうみ書房、一九八七年）。

淀姫神社は、県社河上神社で与止日女という女神を祭神とする古社である。縁起によると、神功《じんぐう》皇后が半島に進出の折に海神を祀り、航海の安全と勝利を祈った。神功皇后の妹に当たる与止日女命は磯童と共に竜宮に到って満珠干珠《まんじゅかんじゅ》をもたらした。満珠は青、干珠は白であって、この二つの宝珠は風雨を起こす力がある。戦いのさいこれにより敵船を覆した。凱旋した後は川上にある神社に納めたと伝えられている。しかしその神社はどこにあるのか判明しなかった。ところが与止日女命が磯童と共に竜宮に到るさいに乗っていったのは海神の使と称する大鯰である。その後鯰は淀姫さんの眷属であり御使であるというようになった。それでこの鯰を捕らえて食べるようなことがあれば海神の怒りが立ちどころに起こり身体が鯰のようにふくらんでしまうとか、腹痛を起こすといわれている（北九州市在住の江藤徹氏の調査資料による）。この言い伝えは現在までも残っていて、川上神社の氏子たちは鯰を食べない。鯰が神使であり、祭神の眷属として使令に扱われている。これは使令型というべき鯰伝説である。ちょうど稲荷神社が狐を、春日神社が鹿を使令としているのと同様である。

鯰と異変の予兆

この淀姫と鯰との関係には、神と神使というモチーフがあり、巨人が押さえこむ鯰ではなくなっている。しかしなお断片的ではあるが、鯰による異変の予兆があり、鯰の出現を海の彼方と結びつける思考が語られていたといえるだろう。このような「物言う魚」としては、鰻《うなぎ》と鯰・岩魚《いわな》などが古来より知られていた。大魚をとらえてかついで帰る途中、魚が声を発するのであわてて水中に戻したという。もしそのまま魚を持ち帰ると、大雨になったり、洪水や津波が起きるという。大魚は人間に化けてこちらの世界に危険を告げようと働きかけているのである。人間の方でそのことを解読できかねて、ついに災厄をこうむるはめになるという伝説が多い。沖縄のヨナマタという人魚は、海神の変化《へんげ》であり、ヨナマタが人語をささやいたのを聞きとった母子だけが、一村全滅の危機から救われたという話はよく知られている。こうした「物言う魚」が、福岡県や佐賀県下では大鯰に表現されているのである。

滋賀県の琵琶湖の主は鯰である。『竹生島縁起《ちくぶじまえんぎ》』には、かつて水底に潜んでいた竜蛇が島を七めぐり囲んでいたが、それが大鯰に変化したことを記している。湖底の鯰たちは八月十五夜に砂浜に出現して踊るといわれ、とくに国土に異変が生ずるときには大群となって出現するといわれている。

このように大鯰が擬人化され、道化役にされやすいのは、鯰の異相によるところが大きいが、それとは別に海神や竜神の変化でありかつ水界の主であって、神の託宣や予言を伝えるという信仰もある。やはりそれを身近にみている人々の鯰に対する想像力の帰結するところといえるだろう。

列島や国土を囲繞《いじょう》しているというのは竜蛇のイメージによるものだが、それが大魚のうちでもとりわけ鯰へと収斂《しゅうれん》したのは、やはりいくつかの要件が重なったことは明らかである。

海の彼方からのシグナル

この問題を海からの視点でとらえ直してみるとどうなるだろうか。黒潮の起点に近いフィリピンのミンダナオ島のマノボ族の神話によると、かれらの先祖はマカリドンという巨人であった。彼は一本の天柱を中心に立て、そのそばに数本の柱を立てた。そして自分は中心の柱のところに住み、一匹の大蛇を伴っていた。もし彼が柱をゆすると、大地震が起き、世界は崩壊するという。さらにミンダナオ島のマンダヤ族の神話では、大魚は鰻であり、大地はこの巨大な鰻の背中にのっている。そしてこの鰻が身動きすると地震が起こるというのである（大林太良『神話の話』前掲）。

明らかにフィリピン南部のミンダナオ諸島の神話の巨人と、黒潮の北限にあたる鹿島大神とが、鯰・竜蛇という同工異曲のモチーフを伴っていることに気づかれる。これはまた伊勢神宮の心《しん》の御柱《みはしら》の地底に竜神が祀られているという伝説との共通性も示唆している。鹿島大神が用いる要石は、大きな柱の先端部であり、その柱は、地底奥深く突きささっている故に大地は安定している。時折それが大鯰によって揺るがされるという太平洋沿岸部の伝承に対し、黒潮が対馬海流となっている五島列島、対馬海峡そして北九州の日本海に面した地帯では、先述した福岡・佐賀の淀姫神社の伝説があって、そのモチーフは熊本や香川の方にも及んでいる。この場合の淀姫は、海の女神であって、巫女信仰との結びつきがあった。一方、大魚による天下異変の予兆がうたわれており、これは海の彼方からの特別なシグナルをよみとろうとした想像力として共通しているといえるだろう。

都市の崩壊

江戸の鯰信仰

安政二年（一八五五）一〇月の安政大地震直後に江戸市中に出まわった地震鯰絵については、これまでも多くの研究の蓄積がある。鯰絵のモチーフは多様であるが、それらの詞書《ことばがき》と構図から、民俗文化の本質を読みとることは可能である。たとえば大地震を「世直し」または「世直り」と表現することは、大地震によって新しい世界がもたらされるというテーマを提示していることになる。

私たちは、これまで海辺に立ち、海からこちらへやってくるさまざまな漂着物に注目してきたが、とりわけ海神の使令たる大鯰というイメージは、むしろ竜蛇や鯨という怪獣によって表現されるのが一般的であった。

江戸ではそれが大鯰として表現されたところに特異性がある。この点についての指摘はこれまでのべた通りである。

享保一三年（一七二八）戊申の年になって、はじめて江戸と鯰信仰との関連を示す文献の記事をのせた『増訂武江年表』巻三四には、

八月三十日夜より九月二日三日、北大風甚雨にして洪水溢れ、昌平橋、和泉橋、新し橋、柳橋二日の夕方流落る、三日朝両国橋中程三十六間切流れ、新大橋西の方四十二間程切る、永代橋は普請《ふしん》の中にて古橋杭流る、下谷浅草の内低き所は軒端水にひたる、小石川竜慶橋其外小橋流れ、目白山崩れて上水の白堀埋る、筋違《すじかい》御門昌平橋の二橋流損によつて、神田祭礼十一月に延る、

と記されている。そして、

昔江戸に鯰《なまず》魚といふ魚なかりしが、享保十三年九月二日、江戸に大水出で、此魚長さ二尺計りなるもの多く、すなどりするをのこ此れを捕へしを、みな人見て怪しめり、それより御江戸近き川々に、常にこれあることゝなりぬとかや、春台の説あり、又岩永玄浩が日東魚譜にも云へり（同前）、

と記されている。

すなわち享保一三年八月三〇日夜より三日間大暴風雨がつづき、江戸市内が大洪水で水びたしになった。たぶん台風が直撃したものと思われる。昌平橋をはじめいくつかの大橋が流れてしまう。両国橋・新大橋・永代橋も一部破壊したというから大被害となった。下谷浅草の低地は、軒端まで水にひたってしまった。目白台も崩れて、神田上水の掘割が埋まる。こうした大洪水の被害により、神田祭りは九月より一一月へと延期するに至った。ところでその折にはじめて鯰が江戸に出現したというのである。すなわち二尺ばかりの鯰の大群がでて人々はこれを捕えて不思議がったというのだから、それまで目にとまる例がなかったらしい。それ以後江戸近くの川に鯰を見かけるようになったという太宰春台《だざいしゅんだい》の説などをあげている。

このことはたしからしく、その他の文献にも示されている。たとえば『江戸真砂《えどまさご》』六には、「此の年秋九月朔日より二日の大雨、所々堤切れて今浅草山谷田町本所廻満水也、其の節より川々鯰出来て今は専《もっぱ》ら殖《ふ》える。是れは千住の先き手ヶ沼と云ふ所より流れ出でしよし」という説をのせている。『聞見雑録』八には、「和田倉より八重洲河岸の御堀の中に、長六七間程の鯰魚住みて、大雨の夜などは浮出る」と記している。大雨・洪水に関わって、水界の主が出現するという理解がふつうだったと思われる。

たぶん鯰が突然でてきたというのではなく、大洪水の結果、都市の地域開発のひずみが露呈したことが示されているのではなかろうか。江戸の市内は、この時期に人口が急増しており、水道設備はそれに十分伴っていない。下水道が各地に掘られるようになったが、排水もままならない状況であった。そこへ多量の降雨があって、大川をはじめ、下水道から水があふれて水びたしとなった。それまで水中深くに生息していた鯰たちがどっと地上に出現してくることになる。享保一三年の大洪水は、そうしたこれまでの都市開発の不備を暴露したことになった。「物言う魚」の大群の出現がそのことをシンボライズしているといえるのではなかろうか。

『江戸真砂』には、江戸の鯰の大群が、茨城県の手賀沼あたりから流出してきたものではないかともいっている。江戸周辺にはたしかに鯰が多くいたわけであり、都市と農村という図式化からいえば、農村のナマズは本来都市に住みつくものではない。それが都市の近郊化によって、都市化地域の中に包含されることになり、江戸市内の大洪水により、さらに都市の中心部に登場してきた。

都市の鯰

次に江戸の事例ではないが、やはり同じ都市で鯰の出現を語る例がある。これは、姫路の話であり、『西遊見聞随筆《さいゆうけんぶんずいひつ》』五にのせられている。姫路元塩町の裏借家に太郎兵衛なるその日暮しの貧しい男が住んでいた。男の妻は、藩主が都市計画のさいに掘った掘割で洗濯ものをすすいでいたところ、沖の彼方より急に水波が激しく立ち、こちらへ近づいてくる。女ははじめそれがかわうそかと思ってみていると、目前にきた得体の知れぬものは、大きな口を開けて、女を一呑みにするかのようであった。女はすっかり肝を潰して、洗濯ものを捨置いて逃げ帰った。この話があちこち伝わったが、実はこれは三左衛門堀とよばれる堀の主の大鯰であり、その大きさは二間もあったという。この話は正徳年中のことというから、やはり一八世紀のはじめごろであり、城下町発展の時期に対応している。「我れも去年堀の辺へ涼みにいきて初めて見たり、子供など堀の辺へは遣るまじき事なりといひし」（同前）といっており、この事件はかなり世間に流布したらしい。

同様な話は江戸にもあったのである。

和田倉より八重洲河岸の御堀の中に、長六、七間程の鯰魚住みて、大雨の夜などは浮出づる、眼中鏡の如く、火消櫓にてこれを見る時は、太鼓をうつに驚きて沈むといへり（『聞見雑録』）、

この両者の事例はともに都市民たちがはじめて巨大な鯰をみて仰天している光景である。

都市に鯰が出現することは、都市の発展と呼応するものの、その内面に隠れた意味が潜んでいる。それは都市生活者が必然的にいだいている漠たる「不安」の象徴といえるのかも知れない。

大地の底に潜んでいる大鯰が海の彼方から海神の使令として来訪してくるというイメージにすり替っているのは、やはり大量に刊行されていた鯰絵の一場面である。江戸の沖合いに潮を吹いて出現する巨大な鯨がそのまま、海の向うからきた怪獣の大鯰とオーバーラップしたのである。そしてその背後には、当時の世相が大いに影響していた。

異国の大鯰と福神

嘉永七年（一八五四）正月、ペリーの艦隊が横浜と下田に入港した。ついでロシアの船が来日し、下田で幕府との交渉中に東海沖に大地震が起こり、大津波が黒船を難破させるという一件が起きた。いずれも安政二年（一八五五）の前年にあたっており、黒船来航はいやがうえにも庶民の日常意識を刺激した。黒船は「異国の大なまず」としてとらえられたのである（気谷誠「鯰絵の風土と時代」前掲）。黒船鯰は外敵であり鹿島大神は要石《かなめいし》によりそれを押さえこむ必要があった。しかし一方では、災厄をもたらす黒船は恐怖の対象となりながら、鯨に似た大魚は金銀小判を空中に吹き上げて地上に降らせている。つまり江戸の庶民たちは諸手《もろて》をあげてそれを歓迎していることになる。他方では、災厄をもたらす黒船が速やかに追放されることを願うといった構図もしばしばとられていた。これは相矛盾した図柄であり、庶民意識にみる二律背反性が鯰絵の多面的な面白さの源泉となっているといえる。

このイメージは現代都市のメディアがつくり出した怪獣ゴジラの姿にも通じている。大怪獣ゴジラは、海の彼方より、東京上陸を目指して出現した。ちょうど海の彼方から来訪する大魚＝鯰男と同じイメージなのである。現代のゴジラは、ビキニ環礁での核実験でよみがえってきたという想定であるが、両者に共通しているのは、海の彼方より来襲して、江戸・東京という大都市を破壊しようとしたことである。

そこでは、大地震による都市の崩壊が、天譴《てんけん》であることを意味していた。直接の対象となったのは、支配者側に立つ豪商たちであり、海の来訪者たちは庶民にとっては世直しをもたらす福の神であった。しかし地震で社会が混乱する状況を鎮静するのは、秩序を保つ体制側の世直し大明神である。それが一時的にせよ世直し鯰となっていたことは興味ぶかい。すなわち都市の崩壊というテーマが、海の彼方からの得体の知れない何ものかによって行われるというモチーフにより成立しているのである。

一見華やかに見える大都市がいつかは終焉をとげるだろうとする世紀末的なモチーフは、

都市の語りだすフォークロアとして伝承されてきた。現実の都市社会は人口の集積によって生活環境がしだいに悪化し、衛生状態の不良により伝染病が流行しかつ犯罪が増加するという状況がくり返し生じている。都市問題につきものの環境破壊はやがて人間不在の町並みと化していく。そして都市の中心部から人々は脱出し、やがて郊外都市が形成されるが、そこには同様な都市問題が発生する必然性がある。

都市の終末

日野啓三の都市小説には注目されるモチーフがある。それは現代の大都市が、止めどもないような勢いで繁殖していく生命力を持っているにもかかわらず、その存在感が大変稀薄で脆《もろ》い印象を与えているという指摘である。居住空間として考えるなら、大都市は高度の発達した都市工学や建築工学の技術によって支えられていながら、その華麗さとうらはらにひどく稀薄な印象を与えていることには同感したい。そこに何となく不安な近未来を予告するような都市風景が存在している。それが日野啓三の一連の小説の主題の一つであった。たとえば『夢の島』などにそれは表現されている。超高層建築群が並ぶ一方で、埋め立て地の原野が広がっている夢の島。昭和三年（一九二八）生まれの都市の漂泊者の主人公が、その中をさ迷いつつ、最終的には埋め立て地の一角で逆さ吊りとなって死を遂げた。逆さまになってみた東京の高層ビルは、灰色のキノコの山のように見えていた。「光が急速に薄れる。暗くなってゆく。空はうねる黒で、大地は透明な黒だ。逆さまの東京の街だけが白っぽい灰色の燐光を放ってますます光ってくる」。その背後に夢かうつつかのごとくに浮かびでてくる焼跡の情景、裸の木の幹、燃えている市街電車といったシーンなどが、主人公の死のイメージに重ね合わせられ、やがて大都市は終焉を遂げるという、絶望的な雰囲気がそこにかもし出されていて印象的であった。

こうした都市小説以前にも、たとえば横光利一作といわれる『世の終わり』という小説があった。舞台はヘルモンサンジョという現在のシリア、旧約聖書の中にある聖地である。この巨大都市には、大雨が降り続き、そこの住民たちの間に性欲の輪舞が繰り広げられ、都市は住民たちの物欲に彩られながら滅んでいく。これは関東大震災の直後に執筆された小説といわれ、描かれているのは「世の終わり」のモチーフである。日本を舞台にしたものではないが、こうした都市文学の中には、つねに終末的な問題を語ろうとする流れがあるといえる。

都市の伝説

重信幸彦が「食卓の向こう側に」(『民話と文学』二〇、一九八八年)の中でまとめている「マクドナルドは猫の肉」という話は、東京で昭和四八年

（一九七三）ごろからはやり出した都市伝説の一つである。そのころ、マクドナルドが猫の肉を使っているということがさかんに喧伝されていた。あるいは蛇を使って「味の素」がつくられているといううわさ話もあった。

そうした情報は主に女性週刊誌の記事によっているが、たとえば「猫バーグ、臓器スープの料理店一覧」などという記事が当時あった。「猫バーグと臓器スープを追跡する」という都市伝説が、そこではそのまま真実かのように使われていた。アメリカ民俗学のブルンバン著『消えるヒッチハイカー』に集められたデータに比して、日本にも類例がたくさん発見されたのである。「あなたが耳にした怪異談をお寄せください。採用された方には粗品を進呈いたします」などといった取材が週刊誌によって行われた。文明化された都市でありながら、どこかそこには終末を一気に引き起こすような脆さが秘められている。それがフォークロアとして表面に現われることはまれであるが、都市の人間はいつも心の中にそうした不安感を抱いているのではないか。それが都市のフォークロアとして語りだされてくる、という理解が成り立つのである。

平安時代末、『今昔物語集』（巻三一）の中には、蛇の肉を塩漬にして、魚と偽って売っていた話とか、蒸鮨を売る女が、鮨の入れ物の中にわざとヘドを吐き込んで、それを何知らぬ顔で鮨にまぶして売っていた話とかが載っていた。これは平安京という都市の中で、人々の間に広まっていたうわさ話である（重信幸彦、前掲）。要するにおいしいものだけれども、そこに非常に汚いものが入っているというモチーフである。ハンバーグの中にゴキブリが入っているとか、クモが入っているとかいう現代のうわさ話と共通するもの、といえる。

『徒然草』（五〇段）にも、京都の話であるが、応長（一三一一～一二年）のころ、伊勢の国から女の鬼が、京の都に入ってきた、といううわさ話が載せられている。女鬼のうわさであり約二〇日間ばかり京都中が大騒ぎになったという。現われる場所は京の御所の周辺である。どこそこに鬼が出たと言ってはみんなが見物にでかける。吉田兼好はたまたま御所からやや東南の方角に当たる方向を歩いていたところ、大勢の人が群をなして走っていく。そうしているうちに今度は東北の方の一条室町に鬼がいるとののしり合っている。今出川のほとりからそちらをみると、人々が群をなしていて立錐《りっすい》の余地もない。しかし聞いてみると、実際は誰も女の鬼を見ていない。見ていないのだけれども、集まった人々は、上へ下への大騒ぎになっている。そういう異様な騒ぎが一四世紀の初めに、京都の町で起こっていた。

兼好は、これはここ二、三日の間、人々が奇妙な熱病にかかっていたのだが、こうした鬼のうわさは正体不明の流行病の前兆なのだろうかとのべている。つまり客観的に見ると、うわさ話は常軌を逸して飛びかっている。実はそれは、何かが起こる前兆であるという都市民の不安感の表現なのである。

『徒然草』の事例で面白いのは、そういう怪異の主役が女の鬼であり、それが伊勢国から現われたということである。京都にとって、伊勢は、はるか山なみを隔てた彼方にある異空間である。そこから現われてくる女鬼には、山姥《やまんば》のようなイメージがあった。都市には、そういう異物や汚物、あるいは異人など、何か不思議なものを受け止めて、馴染《なじ》まないときにそれを妖怪とみなして恐れ、それをフォークロアにつくり上げていくという傾向がある。

皿屋敷のフォークロア

こうした女性を主人公としたフォークロアが都市の中で語られてくるということが注目される。

江戸時代に若い女性を主人公にした話としては、『番町皿屋敷』が知られている。発端になっている地名は番町・播州とあって、江戸番町の場合と播州姫路の場合とがある（現在でも姫路には「お菊神社」がある）。城下町の中で、若い女性が武家屋敷に勤めている。奥方と家の主人との間のトラブル（三角関係）にまきこまれて殺されてしまう。女が亡霊となって現われてくる。そのさいに、皿を一枚、二枚、三枚と数える。江戸の番町一帯が宅地造成地になっていたのは慶安（一六四八〜五二年）のころであった。最初五人の旗本が二五〇〇坪の敷地に住んでいた。それが千姫の吉田御殿建築のために宅地を追われてしまった。千姫はいったんはその土地に住んだものの乱行の末、死んでしまった。屋敷の跡地は約二五〇〇坪という広大なサラ地となったままだったところから、吉田御殿にまつわるフォークロア――千姫が多勢の男を御殿に誘い込んで殺し、古井戸に捨てたという――が生まれた。このサラ地が、やがて江戸時代の半ばごろに、再開発されて、古井戸の周辺の約七〇〇坪を残して多くの旗本屋敷が並んだ。当初五軒だったのが、その後そこに二〇軒も住むようになった。そのうちの一軒が青山主膳の屋敷であり、その地はちょうど千姫による殺人があった土地だったという。その屋敷地に勤めたお菊が、青山家家宝の皿を壊して、同僚の讒言《ざんげん》などを受けて主人に斬り殺された、という因縁が語られてくる（藤沢衛彦『日本民族伝説全集』一　東京篇、河出書房、一九五五年）。

皿を一枚、二枚、三枚と数えるのは、「ひい、ふう、みい、よう、いつ、むう、なな、やあ、ここの、とおたり」といって、ちょうど霊を呼び鎮めたりするときの数え方と類似している。また、菊という名前は「菊の花」からの命名でもあるが、巫女が霊石に耳を当てて霊の動きを「聞く」という行為と関連した名前ではないか。とくに女の子に菊という名前をつけてはいけないという土地が、民間伝承としていまでも残っていて、女の命名の仕方の中の特異な事例になっていた。

ところでお菊が古井戸から水浸しになって現われてくるという出現の仕方は現代に語られる「見知らぬ乗客」とも共通している。ある夜、若い女性客を乗せていたタクシーの運転手が青山墓地の近くで座席を振り返ってみると女性が消えていて、そのあとに水だけ残っていたという怪談は、週刊誌でもよく取り上げられていた。タクシーの運転手を介して語られる日本の見知らぬ乗客のイメージは、水浸しの女の亡霊の変型ではないのかと思われる。先の宅地造成地に発生した話から推測できるように、祟りや怪異を語る世間話が、多く江戸が大都市として開発されていくときその周縁部の部分に生まれてくることは注目してよい。

町の中でたくさん見かけられたお稲荷さんやお地蔵さんの縁起は、いずれも土地の霊を鎮めるためのものである。女性はキツネ（稲荷）、子供はお地蔵さんに結び付きやすい。稲荷や地蔵信仰がベースになっていて、怪異の世間話が成立していき、それが、歌舞伎の題材として取り込まれて、上演されることによりさらに流布していく。皿屋敷とお菊の亡霊の話も、こうして世間に広がっていったものである。しかし最初、世相を賑わす犯罪事件としての事実が前提になって、つぎつぎとフォークロアができ上がっていくということになっていることは注意すべきである。

そうしたフォークロアを生み出す空間は、都市江戸の開発によってあらわになったことは明らかである。それはまた各地方都市の城下町の空間に類似する条件といえるのである。

皿屋敷とお菊

金沢にも、「皿屋敷」の名称が数ヵ所あったと、『金沢古蹟志』巻一〇には記されている。もっとも有名な「皿屋敷」は、金沢の出羽一番町の入口にあり、延宝の古地図には、明地が明示されていた。宝暦九年（一七五九）には、この明地は藤田氏の邸内にとり込まれるに至った。この場所性は、「甚だ低地にて水の流出悪しき地」だった。『金沢古蹟志』には、「亀尾記」の古伝をのせながら、皿屋敷の由来は不明確だとしている。この地をはじめとして、金沢に五、六ヵ所を数える「皿屋敷」のことについて、見当がつかないという。ただ共通して「荊棘生ひ茂り、殊に湿地」であった。昔から伝える「播州皿屋敷は此の地ならんか」ともいう。これはすでに江戸の口碑が伝播していたとみるか、金沢にも同様な心意にもとづく伝説が形成していたとみるかは判断しがたい。江戸の方でも、『白石紳書』の記事に小幡播磨なる者、召使のお菊を殺し、お菊の亡霊にとり憑《つ》かれて殺されたという伝聞をのせている。家宝の皿をあやまって割ったお菊が斬殺され、井戸へ投げ込まれた。古井戸からお菊の怨霊が出現して、皿を数え上げるというシーンは、講談や歌舞伎で演出されたものだが、古井戸がこの世とあの世の通路になっている。人の死際《しにぎわ》に、古井戸の底に向かってその人の名を大声で呼ぶという魂呼《たまよ》ばいの習俗のあることから推察され得る。よく分からないのは、サラヤシキとしてこれに「皿屋敷」の漢字をあてはめ、亡霊が皿の数を数え上げるという一条である。

金沢に数ヵ所あるサラヤシキは、湿地の悪地であり、おそらく谷合いにあって開発された場所であったのだろうか。番町皿屋敷にも同様な地形的条件があったと思われる。こうした場所は、霊異発現の空間と通底するものだった。

この空間に出現した亡霊の名前を「お菊」と称しているのは、すこぶる暗示にとみかつ類型的である。皿屋敷にお菊がセットになり、播州では、お菊虫という害虫が、稲作に災厄をもたらすという御霊信仰にまで発展しているのである。

以前、茨城県古河市史民俗編の作成に従事していた時、この地の一角で「お菊」にまつわる世間話が豊富なことに気づいた。古河市は、江戸時代に藩主土井氏に治められていた典型的な城下町である。武家屋敷を中心に、商人町・農村部と三重構造をとっており、それぞれの民俗が交流し合い特色ある都市の民俗文化が栄えてきた地域である。

「お菊」は貧しい百姓の娘で、子守奉公に出た。奉公先は名主の家であり、そこで子守となって一生懸命働いた。ある日、背中でむずかる赤子をあやしながら、空腹で歩き回っていたが、のどが乾いたので、沼の水を飲もうとして、あやまって背中の赤子を水中に落して死なせてしまった。途方に暮れたお菊は放心状態で、近くにある蘭塔場《らんとうば》（共同墓地）に入りこみ、百日紅《さるすべり》の木に帯をかけ首を吊って自殺してしまった。名主の子を死なせた罪を問われ、お菊の両親は村を追われてしまう。そしてお菊の供養はされずに無縁仏と化したのであった。その後、お菊の自殺した墓地の片隅から、毎夜、「寝んねんよう、おころりよう」という子守唄が聞えるようになった。この墓地を「お菊蘭塔」とよぶ地名の由来にもなっている（古河市史編纂委員会『古河の昔話と伝説』）。この不思議な空間は、古河の町場をはずれた周縁部の、旧街道の東側にあたる所に位置する墓場である。鴻巣という字《あざ》名の区画の中にあるが、この辺りでは、以前女子の名前に、「お菊」をつけなかったし、また嫁入りしてきた女性も、お菊であった場合、改名させられたといわれている。

一方子守り娘ではないお菊もいた。彼女は働き者で、人が寝ている間もよく働いていた。そのため天狗にさらわれて行方不明になってしまった。その証拠に、高い松の木の枝にお菊のかぶっていた手拭がひっかかっていた。この辺りで「お菊」と名前をよべば、どこからともなく、「おおい」という返事が返ってくるという。

この場合「お菊」は、手拭を目印に残し、別の空間へ移動してしまったことになる。そして、その空間を自ら認知できるのは「お菊」の持つ霊力なのである。一つの特徴は、お菊がもう一つの世界と交信するときに使う呼び声のようなものだった。天狗の松の近辺で「お菊」とよべば、答えが戻ってくるという事例。皿を一枚、二枚と数え上げる声。「ねんねんよう」とうたう声。これらは「お菊」があの世とこの世のメッセンジャーであったことを示唆するのではなかろうか。「お菊」は前出したように「聞く」ということの表現に通じていた。神霊の声を聴くことのできる女性は、やはりそれなりの特別な装置を必要としており、サラヤシキ空間にそれが備えられているゆえに、「お菊」の名の下に出現したものと推察する。

毛むくじゃらの大足

江戸や金沢ほど大きな都会ではないが、古河にも、不思議な化物屋敷が二つあった。一つは中世に存在していた古河公方の御殿である。この屋敷には、秋の収穫前の夜、大広間の天井が、大きな物音とともに壊れて、毛むくじゃらの大足が出現した。しかも血がしたたっているのである。それを一六歳の娘が用意したたらいのお湯で洗ってやる。すると、その大足はいつの間にか元通りに天井におさまってしまう。この現象が起こると、その年は豊年だという。もし足洗いが生じないと、その年は暴風雨が起こり凶作となってしまう。そこで毎年農村の人たちは、ムラごとに一六歳の女性を割り当てて、足洗いに奉仕させていた。ある時、武者修行の侍が通りかかり、白装束に身を固めて泣く泣く足洗いの奉仕に出かける娘を見て、血だらけの大足を退治することを約束する。侍は足洗い御殿の大広間に刀をもって隠れていて、天井から出現した足に切りつけた。すると「ギャー」という悲鳴とともに真暗闇となり、家鳴り震動が起こった。そして翌朝、血のしたたった跡をたどっていくと、御殿の裏の林の中に胴体を斬られた大貉《おおむじな》が発見された。その年は大風が吹き荒れ凶作になってしまったが、翌年からは足洗い御殿の足洗いはなくなっても豊年になったという（同前）。

この話には、人身御供《ひとみごくう》のモチーフが入り込んでおり、岩見重太郎の狒々《ひひ》退治と同工異曲になっている。前半は、古河独自の足洗いのモチーフであろう。天井を突き破って出てくる血だらけの大足は、江戸でも世間話として語られていた。江戸と交流のあった古河にもそれが伝わったことは予測できる。元来大足で物音をたてて家鳴り震動を起こさせることが目的だった。古い屋敷には原因不明の石打ち現象があり、柳田国男や南方熊楠《みなかたくまぐす》は、その点をしきりに究明していた。南方はこれをポルターガイストと説明しているが、柳田はむしろ都市の異常心理の発現ではないかと示唆した。足洗いは、足音に集中させ、大足をグロテスクに表現したものだろう。大足の妖怪が、豊凶を予知する能力を示していたことは注意される。しかも古河という地域の以前の支配者であった古河公方の屋敷跡に、この怪異が発生していたのである。少なくとも近在の農民にとっては、この古屋敷が、古い守護霊の棲家《すみか》と意識されていたのだろう。若い女性が巫女として機能していた古代的宗教の痕跡がそこに認められるのである。江戸時代には開発も進み、この空間は不用の空地と化した。そのためそこに潜む霊がすっかりデフォルメされてしまい、動物霊の狢に仮託されてしまった。そうした意味では、狢もまた地域開発の犠牲者であり、妖怪を動物霊に置き替えて納得して一件落着させようとする合理化思考のお先棒をかつがせられるはめになっている。

大都会に語られている「化物屋敷」のもつ空間について、その具体例は、一八世紀末の江戸の本所二つ目相生町とみどり町の横町にあった数原宗得《かずはらそうとく》の屋敷にまつわるものであった。十方庵の『遊歴雑記』によると、この家に石庫があり、そこに妖怪が棲むと言われていた。出現する妖怪はさまざまの姿をとっているが、出現するさいは、あらかじめ前兆がある。たとえば火事が起こりそうになると、夜中に鉄棒を引いて歩くような怪音がある。たまたま数原家の近くに大火事が起こった時のことであるが、家財道具を石庫に入れようとして、入口に置き放しにしていたところ、石庫の内より見知らぬ不思議な一人の女が現われて、入口の家財道具を、中へ運び入れてしまった。その女に気づいた女中が、顔を見ようとしたが、女はさっさと石庫に入って、錠をかけてしまったので、ついに何者か分からずじまいで終わったという。この妖怪は、人々に祟ることはせず、もっぱら数原家の守護霊として機能しているのである。そこで毎年四月一四日に、石庫に、灯明を立て、供物を供え、神楽を奏して、妖怪を祀るという。すでに妖怪・化物と言いながら、家の神の地位を獲得するに至っている。とくに興味深く思われたことは、この妖怪の本体を探し求めていくと、それは「石庫の隅に一つの箱あり」というもので、大きさ六寸四方という小さな箱の中に、妖怪が閉じ込められているのだという発

化物屋敷の空間

想が生じている点であった。

化物屋敷の名称でよばれる空間に、人と妖怪とが同居していてなんら不思議ではなく、むしろ人は妖怪を守護霊として祀り、妖怪も人に恩恵を与えている。妖怪の跳梁を特定の場所に限定し、その本体は屋敷の一隅に放置された箱の中であった、というのが、右の怪談の結論となっている。

このことを念頭に置きつつ江戸に匹敵する大都市の金沢に伝わる化物屋敷の伝承をみてみよう。金沢にも武家屋敷の一角に起こる怪異としていくつか興味深い事例があった。一つは、村井氏の屋敷の門前、長屋継ぎの南側、土塀の中央に露地門がある。そこで夜中深更に及んで、誰かが露地門の脇で手をたたくと、その響きが赤子の泣き声のように聞えると伝えられた。これは奇異のことであり、「世人狐狸《こり》の仕業」といっている。一方では合理的思考も働き、「木魂《こだま》に響くものにて、外々にも其の土地の景況」(『金沢古蹟志』巻二二)によっているという。つまりその場所性によって、怪異と思われる空間が出現していると考えるに至っている。

次の話は、長谷川内匠の旧邸といわれる屋敷。ここは廃屋であり「昔より妖怪屋敷と呼びて明地」とされていた。この明(空)地は、「悪地」でもある。日常的には使用されていない。しかし文政年間（一八一八〜三〇）に、松本氏がこの地を拝領し、初めて家作した。そして家がまだ落成する以前に、その新居に下男を留守番させていたところ、毎晩妖怪が出現してきて、種々奇怪のことをなすため、下男はすっかり恐れおののいた。主人の松本氏は、これを聞いて下男の臆病を咎《とが》め、自ら行って泊ったが、その勇気に怖れてか、妖怪は出てこない。「遂に家作落成し家内引移り、恙《つつが》無く居住せり」（同前）という結果になった。これは新たな居住者が、化物屋敷の旧主である妖怪を押さえ込んだことになる。旧化物屋敷は、「悪地」であり、人間を居住させない空間として、確保されていた。しかし結局はその空間も開発されてしまい、ふつうの人間の居住空間に化してしまうのであるが、その際かつてそこが「悪地」であったことを主張するところに意味があったと思われる。

枕がえしの間

「藤田氏邸宅奇談」と伝えられる化物屋敷には、「枕がへしする一間」があった。ある夜、五人の若者がその部屋に灯りをつけたまま寝て話をしているうちに、枕を返されてしまった。「それ〳〵逆さまになるはといふ内に、頭は跡先になる。五人ながら此の如し」（『金沢古蹟志』前掲）という状態になった。寝具の枕には呪術的な意味があった。就寝中に夢を見るのは、枕に頭を置くためで、その間あの世とこの世を往来するプロセスにあると信じられたのである。だから寝ている最中に、枕が逆転することは、世界の逆転となることで、はなはだ異常な事態である。このことが化物屋敷の一隅の部屋に起こった。「枕がへしの間」という空間が存在することは、この空間を通して、もう一つ別の世界への通路が確認されることでもあった。ところでこの屋敷である時、一人の男が泊番で、蚊帳《かや》の中で寝ていた。すると、唐紙・障子をさらさらあけて入って来る者がいる。よく見ると、「うつくしき女の紅粉色をましたるが、色よき装束《しょうぞく》にて蚊《か》屋《や》の外に踞《うずくま》りて、右の手の食指と母指にて蚊屋の寸尺を取りて帰るに、元のごとく唐紙、障子をさらり〱と立てゝぞ行きける」という怪異があった。この場合、蚊帳（屋）が妖しの女の侵入を防いでいたことになる。蚊帳の占める空間が、籠りの聖域とみなされていたことの残存であろう。

またある時、この家の主人藤田内蔵允の草履《ぞうり》取りが、宿より帰ってきて、この屋敷の門前近くに来ると、「是もうつくしき女の貌《かお》白く歯黒きが立向ひ、にこ〱と笑ひ懸りける程に、其のまゝ気を取り失ひけるを、人々聞付け伴ひ帰りけるが、煩ひ付きて死にける」（『金沢古蹟志』巻六）という結果になった。妖しの女は、ついに人を殺してしまったのである。たぶらかされたり、枕を返されたり、殺されてしまった者たちは、いずれもこの屋敷に仕える家人たちで、家の主人に直接怪異は及んでいない。主人である内蔵允は、江戸に行った帰りに、高岡より「大虎」という名犬を連れてきて、この犬のお蔭で「大いなる貉《むじな》を一つ取りける」ということにより一件は落着した。すべての怪異は貉によって生じたという説明なのである。狸・貉・狐のデモノロジーは豊富である。そしてこの化物屋敷は、貉によって化された空間だったということで説明し尽されたことになった。

「隠岐六之進《おきろくのしん》旧邸伝話」には、かつて小林七郎左衛門なる者が隠岐六之進の旧邸の化物屋敷を買い取って住んだ時の怪異を記している。小林七郎左衛門は独身であるが、この屋敷に住みついて以来、気分が悪くなる一方なので、いったん、実父の所に引移って療養することになった。そして屋守には関内という名の小者を一人残した。この男が夜中に戸障子を閉め、茶の間に寝ていたところ、戸を開ける音がするので、あわてて見に行ったが、何の姿も見えない。こうした現象が毎夜つづくので不眠症となってしまい、彼もまた病気にかかってしまった。しかしがまんして泊まり、ある夜唐紙の開くのを見定めて、脇差でその空間を切りつけた。手応えはしたが何も見えない。夜が開けて屋敷の縁の下まで探したが何の姿形もなかった。しかし二、三日過ぎて隣家の屋敷の一角にある杉木の下に、一匹の大猫が腹を突かれて死んでいた。その後は、夜ごとの怪音は止んだという。これも怪しの原因を猫の仕業とみなした事例である（『金沢古蹟志』巻一〇）。

こういう「化物屋敷」に伴う場所性については、これまでも論じられてきたが、要するにこの土地のもつ境界性・周縁性にもとづいている。そして化物屋敷の内部空間にさらに眼をやると、居間・柱・蔵といった具合にスペースが限定されている。先の数原宗得なる屋敷の石庫の怪異は、そこに置かれた一つの石箱に行きついている。大きさ六寸四方という小箱が、妖怪の発生源となっているのである。次の枕がえしの間となると、境界は枕にシンボライズされていることが分かる。枕がひっくり返されることによって、異界と現世が入れ替わる。そうした体験が家屋敷の特定空間に生じていることをこのフォークロアは示している。

家と禁忌

都市空間は、ひたすら巨大化しており、かつて原点にあったと想像される境界が不分明になっている現況は否定できない。しかし断片的なフォークロアのなかに、都市を「聖なるもの」としてとらえさせ、聖の顕現を知る手がかりがあった。これは都市をひとつのコスモスとみることから必然的に浮上してくるテーマである。こうした考えを人々が日常的に居住する住居空間にも適応することは可能である。元来都市の原点に聖域を考える視点からいえば祭壇とさらに圧縮された神社・寺院の建築物などがその典型になる。ミルチア＝エリアーデが指摘したように建築物の中心にある天と地をつなげる柱は、そうした表現を示す具体的な存在であった。したがって柱を軸にした建築の象徴性は、寺社建築だけでなく居住空間にも投影されており、究極的には都市空間全体に及ぶのである。

日本の建築儀礼も、その中心に柱建てがある。大黒柱をつくるときに、柱建ての象徴性が表出している。父親が娘を殺すというフォークロアが、建築儀礼の棟上げや柱建てに伴って語られていることは、きわめて興味深いものがある。とりわけ柱建ては、その中心が大黒柱であり、それは家屋の中心軸に相当している。大黒柱という命名にも現われており、その部分に霊威を意識していたことが類推できる。実際大黒柱に関しては、これを神聖視する風がある。かつて幼児が死んだならば、その遺骸を大黒柱の下に埋めたとか、柱にエビスや大黒を祀る棚を吊したりした地域もあった。建前の儀礼も、柱建て、棟上げが終わると、大工の棟梁が中心となって、棟木を槌で打ったり、柱をたたくことにより、家霊をそこに封じこめたことが示唆されている。そのことを「ゴシンを入れる」と表現するからである。

棟上げのときに、大黒柱の下に女の髪の毛や化粧道具を供えることもよく知られている。

その由来譚は、昔大工の棟梁が間違って柱を三寸短く切ってしまう。その間違いを防ぐために、大工の娘が「袴をはかせるとよい」と教え、うまく工事が終わる。父親はこの秘密が知られるのを恐れて娘を殺したというのである。一方に船霊信仰として、船主の妻や娘の髪の毛をご神体とする民俗もある。そこには家と船の霊魂の類似性を暗示している。先の大工の父の娘殺しについては、これが事実ではなくて、棟上げにさいして女性の髪の毛を納める呪いであったことを強調するフォークロアであるというのがこれまでの通説であった。

しかしこれを「女殺し」として、とりわけ柱建てに伴う儀礼とするならば、なぜ「女殺し」がそのトピックとして語られねばならなかったのか説明する必要がある。この点では、すでに南方熊楠の「人柱の話」があげられる。これは、大正一四年（一九二五）に書かれており、たまたま当時宮城内から発掘された人骨にからむ話題にヒントを得たものである。当時これを江戸城築城に伴う人柱とする世論があった。南方は世界各地にある人柱伝説を列挙し、かつ日本の事例と比較した。とくに築城伝説では、伊予大州城でお亀という女性を、雲州松江城では通りすがりの若い女性をそれぞれ人柱にした話を、また和歌山城では、お虎という人柱、姫路城の天守閣に住む妖怪オサカベ姫、今津城の鶴姫、猪苗代城の亀姫も、いずれも城の怪異の主として知られているが、それはかつての人柱となった女性の名前だと南方は類推している。

父親が娘を殺すという話には、娘以外にも女房を殺すという事例が多く語られている。たとえば、棟上げの祝いの折に、青赤黄黒白などの五色の旗をはじめ、幣束《へいそく》や弓矢・矢車・棟札を美々しく飾りたてる。そしてその他に小さな祠をつくり、中に男と女の人形を一対、さらに女の化粧道具（紅・白粉・手鏡・くし等）を一揃《そろい》置いた。その由来については、飛騨の匠が扇だるきの作り方が分からなくて、女房に教えてもらって成功した。その秘密がばれるのを恐れて、女房を殺してしまった。その霊を鎮めるために人形や化粧道具を祀りこめたというのである（東洋大学民俗学研究会『旧中川村の民俗——岩手県東磐井郡大東町旧中川村』）。こうした豊富な事例から、芝正夫は、家屋という建物を中心にすえて、大工が妻や娘を殺す、すなわちいけにえに捧げたという視点からとらえようとしている（芝正夫『父親が娘を殺す話』岩田書院、一九九三年）。

「女殺し」のフォークロア

前述のような城を含めて、家屋敷を建築するさいに、家が倒壊しないようにと大工が命がけで作業をする。そのとき大工は神々に祈った。とりわけ大地と樹木の神々に祈願した。犠牲を捧げるという風習は、おそらく人類に共通する文化と考えられる。建物の中心である大きな柱の下に、いけにえを埋めて、柱を守護してもらおうとする信仰は、十分に成り立つものである。前出の中心の柱を支える大地の底に、牛や亀、蛇や大魚が横たわっているという伝説は、通文化的現象でもある。そうした犠牲の上に中心の柱が建てられることになる。これが人柱の基盤となった。そして動物供犠の一環として人身供犠が語られてくるのである。すでにフレイザーは『旧約聖書の民俗』においてそのことを論じており、南方熊楠もまたその学説を採用したのである。日本の建築儀礼で、大黒柱の下に女性を埋め、柱を支えるというフォークロアが生まれたのは柱建てにさいし、柱の下に霊的な処置をほどこすことが要求されたからである。呪物として女の髪の毛とか化粧道具が用いられたことから推察して、女性の霊魂がそこにこめられたとする思考は妥当である。そしてそこに「女殺し」が登場したのである。

芝正夫があげている民俗資料のなかで、ザシキワラシと結びつけた「柱の材木を逆さにして家を建てたため三歳くらいの女の子」が出現するといったり、馬喰《ばくろう》が泊った家の柱を叩いて寝たら、「ザシキワラシがウスを突くので眠れない」とか、「腕の良い大工が柱に埋めこんだのが時々出る」というフォークロアはいずれも柱がひとつのキイワードとなっている。つまりそれは家の霊がザシキワラシの姿をとって出現することを示しているのである。祀り手である大工の存在と、家の神の女性化との関連性が示されているといえる。たとえば三隣亡《さんりんぼう》が女の神で、元は大工の妻であった。大工が柱を一本短く切り過ぎて家が建てられないので、妻が枡組の家を作るように指示して成功した。大工は妻を殺し、妻の怨霊が祟るため、大工が家を建ててもすぐに倒壊してしまう。そこで祟る女の霊を神として祀りこめた。そしてその祭日を不成就日という暦日に定めた。したがって大工は不成就日には仕事をしてはならないことになった。これがいわゆる大工が仕事を避ける因縁となり、やがて三隣亡になったと説いている。また大工の妻の名前をオタケといった。このオタケは一般名詞でもあるが、カマド神を別にホタケ様とよぶところから、オタケはホタケから生じたとする説もある。台所で一生懸命、身を尽して働いたというお竹という名の女中が、羽黒山伏《やまぶし》や湯殿山行人《ぎょうにん》の手によって、女人往生を可能にしたというストーリーが作られ、お竹大日如来《たけだいにちにょらい》と称せられたことはよく知られている。この話は一八世紀後半以後の江戸市中で流行した。この民俗と、カマドのホタケとが関連するという説もある。つまり江戸のフォークロアでは台所に祀られる女の霊として共通するのである。

ところで棟上げ祝いに使われる、女の小物や五色の旗などの装飾品は、女の霊に対する供物とする説と、同様の文脈の上で論じられる資料といえる。人形や五色の旗、幣束類は、明らかに陰陽道《おんみょうどう》の知識によって付加されたものである。そこには建築儀礼における中国道教の影響が考慮されなければならない。装飾品がやたらに派手にはなっているが、建築儀礼のとくに柱建て、棟上げにある基本的モチーフは、先にも指摘したように「女殺し」なのである。また大工の妻か娘とされているが、家屋の中心の柱の柱建てに関わった女性の死が語られている点は明確なのである。

エリアーデ流にいうなら中心の柱は、家屋全体を支えているのであり、支えている世界は、聖なるものの顕現とみなされるのである。

たとえばインドでは、家の建築にとりかかるとき、まず占星学者が、宇宙を支えているという蛇の頭に、どの土台石を置いたらよいのかを決定する。次に大工の棟梁は、地下の蛇の頭をしっかり「固定」しておき、地震が起こらないように杭を打ちこむ。家屋の中心柱が世界を支えるという思考は、諸民族の神話伝説のなかから抽出できるのである。前述のように日本にも、阿蘇・伊勢・鹿島の大社に類似するモチーフがあった。それが各家の建築にさいして柱建て・棟上げといった細分化された部分で語られているのである。とくに中心の柱の聖性を説くのに、とりわけ女性の関与があった。女性が柱の下に殺されて埋められることがすなわち〈聖の顕現〉に必須の条件であったとする。そこには禁忌が生じてくるのであり、その禁忌は当然侵犯の対象となった。タブーの侵犯のプロセスにおいて〈聖の顕現〉が具体性を帯びて表出し、それが「女殺し」のフォークロアに変化したのである。

家・屋敷の柱は空間論的には、宇宙の中心軸にあたるという理解に立つと、その柱の下に殺された女が埋められているという「女殺し」のフォークロアは、家・屋敷の聖性を物語るものといえる。それが屋敷の建築儀礼に内包されていることは、今後も通文化的に検討されるべき材料となっている。

都市自身が語りだすフォークロアの一つとして、都市の建築と「女殺し」のモチーフとの関連性が成立しているとすれば、これまで指摘してきた都市の民俗文化の中に、こうした視点は十分に生かされ得るものである。つまり都市伝説にしきりに垣間見ることができる女性のイメージが、都市を「聖なる空間」へ仕立てて行く方向性を示しているのである。

海から訪れるものが、都市をターゲットに仕立てる場合、それが大鯰に代表される因縁をもつことは、ここで明らかにされた。都市の終末を語るフォークロアがきわめて多いことは、都市の必然的内部告発の然らしむるところと考えている。この点をさらに次章で深化してみたい。

都市民俗の視点

都市化の民俗

都市民俗文化の視点

一九三〇～四〇年代の民俗学は、もっぱら山村・農村生活に眼を向けていた。ただ柳田国男『明治大正史世相篇』（昭和六年〈一九三一〉）は、都市生活者の精神構造の内部に入りこみ問題を発見しようとしていたことは特筆すべきであった。その段階では都市の過密問題と農村の過疎とが、うらはらの関係になっていることを、次の世代の民俗学が気づき、都市と農村の対立・交流にテーマを絞ることが期待されたのである。しかし結局そうはならなかったのが現在の研究状況に表われている。都市は異質な人びとの集合地であり、異質性の高い社会である。農民社会のような等質性の社会ではない。伝統的にみて都市には商人・職人・武士などの階層がいて、交流し合う場であるから、そこには農村とは異なった日常生活行動が生まれている。

ところで都市民俗を考える場合、農村民俗の都市化と、都市の独自性をもった民俗とをとらえる基準は異なっているはずである。しかし都市の民俗文化の全体像をとらえる場合には、この両者をトータルにおさめる視点を定立しなければならない。

民俗の都市化

一例をあげるならば、都市における文化現象として妖怪がある。妖怪は人と自然、人と神霊との交流を語る重要な民俗資料のひとつである。従来の考えからみると、妖怪は自然に近い存在であり、都市よりも農山漁村部に多く存在する民俗文化であった。

妖怪譚でもっとも多く語られる狐に化かされる話のモチーフは、「民俗の都市化」を考えるのに一つのヒントを与えている。狐に化かされた話も、現在では古老たちのうわさ話で誰も直接経験はしていない。しかし昭和一〇年以前は決して珍しいことではなく、多くの人々が狐に化かされたことを体験的に物語ることができたのである。この現象を「民俗の都市化」という切り口でとらえたのは桜田勝徳であった（小川博「桜田勝徳の都市民俗論についての草稿」、竹田旦編『民俗学の進展と課題』国書刊行会、一九九〇年）。桜田は、明治・大正時代の村々には実際に、狐や狸にばかされるという当時の人々が納得する不思議な事件が起こっていたのであり、それが昭和一〇年ごろからなくなってしまった、それは日本人の大きな意識変化の折り目であった、と指摘している。狐狸に関する話には、たとえば鉄道がはじめて通ったころ、日本各地で狸が汽車の真似をして線路を走り、本物の汽車にひき殺されたという世間話がある。東京でも山手線が通ったとき、狸が電車の真似をして代々木駅近辺でひき殺されたという。鉄道は都市化のシンボルであり、地域開発の拠点である。狸がいたずらして殺されるということは、代々木周辺に数多く狸が生息していたことから生ずる開発＝都市化の犠牲であったことを示している。汽車や電車が轟音とともに通過する姿は異形のスタイルであり、地域住民にとっては未知との遭遇である。先住していた狸がそれに対抗したことが狸の化け話となり、それが共通したモチーフで都市化地域に語られている点に意味があった。鉄道や道路が通ればその周辺の人間や動物たちの生活環境に大きな変化をもたらすということについては、地域開発のプロセスで猪や猿、蛙などの行動領域の顕著な変化が報告されていることからも裏付けられる。

狐狸のフォークロア

狐狸と人間社会の関連を示すフォークロアには、おおよそ四つの類型があげられる。一類は、狐狸と人間の交流に調和がよくとれているもので、狐狸は元からの生息地にすんでいる。たとえば狐山とか狐塚などのあるこんもりとした森が確保されている。狐狸と人間との間の境界ははっきりしており、相互に住み分けているのであり、この段階で狐狸が人間を化かすことはない。狐は人間たちを見守り、時には守護し、人間も狐狸を丁重に遇している。二類は、人間が多少狐狸に対して防禦する姿勢をもつもので、狐にいたずらされることをしきりに用心する。狐狸に化かされそうになると、たばこに火をつけて煙をだして防ぐといった呪《まじな》いも工夫される。それでも狐狸によって人間側に害が生じたとは考えられていない。ところが三類になると、狐と人間との対決が表面化してくる。沢山の狐が生息している土地に人間が侵入したのに対して、狐狸の方も人家近くに出現して、鶏をさらったりする。人間の方はその対抗策として、祈禱したりお祓いしたり、強力な呪術者に狐狸退治を行わせる。追い出された狐たちは棲《す》みかを奪われ、狐のばあい野狐と称される。その結果が四類となる。すなわち狐が人間に対して祟《たた》りをなすもので、野狐の悪霊が人間にとり憑《つ》いて病死させてしまう、いわゆる狐憑きの現象が表われている。狐憑きは、高熱を発し、とり憑いた悪霊は超能力を発揮する。人間側は祈禱術をもつ行者・巫女が、とり憑いた狐を落とすために対抗する。

以上の一〜四類は、全国的に普遍的な現象である。ただ狐憑きの場合はより濃厚に分布する地域がみられるという特色がある。多少の地域性はあるが、このうちの三類に入るフォークロアがきわめて普遍的であることは、昭和初年以後、列島に現象化した「都市化」の社会変動と関わっているためである。江戸のころ、江戸市域内に稲荷の祠が急増したことがある。その由来を分析すると、稲荷の本体である狐の霊が、土地や屋敷の守護霊に祀られる時期と、やたらに女性や子どもにとり憑く時期とがあり、後者のケースがとりわけ幕末に集中しているという民俗的事実がある。前者は、江戸市内で住宅地の開発がしだいに盛んとなった早い時期の古社の縁起に顕著である。人間が自然環境を保存させながら、丁重に稲荷の祠を祀り上げていた状況が示される。狐に化かされるというフォークロアには、こうした「都市化」現象が反映しているのである。

すなわち、農村民俗の都市化がしだいに定着していき、都市民俗がしだいに顕在化してくるというプロセスがここによみとれるのである。稲荷・狐信仰における狐憑きが流行神化して続発しているのは、時代の変化に敏感に反応した都市生活者の心意がその基底にあったと思われる。

妖怪鯰男

同様な文脈は、前章で述べた妖怪鯰男が都市の破壊者としてイメージされたことにもよみとることができる。安政二年（一八五五）に登場した妖怪鯰男が、他の伝説上の怪魚と同様に「物言う魚」に属しており、海の彼方の異界と現世とを往来して、異変を予知する力をもつ存在として描かれていた。それが大地震と結びつき、大都市を破壊した。それは大都市の存在は都市住民によって、つねにケガレを堆積したものと認識されていたことの反映にほかならない。この点が都市民俗の視点にとって重要なのである。

そして大都市に蓄積されたケガレを排除する形で「世直し鯰」として迎えられている。つまり鯰男は、都市を破壊することによって世直しを実現する海彼からの救い主として描かれたのであった。同様なモチーフを、現代のメディアにのって流行しているゴジラ像にも読みとることができた。これも海の彼方から襲来し、列島の大都市をはじから破壊していった海の怪獣なのであり、いつの場合にもふたたび海に戻っていくからである。

これら都市の破壊者である妖怪に共通しているのは、いずれも水界の主の具現化にあった。文化伝統の上では水神または海神の神使としての扱いをうけていたものである。それがしだいに「民俗の都市化」によって、都市が独自に語りだす民俗として位置づけられたのである。

都市の民俗

学校の怪談

近年モダン・フォークロアとして注目されている現代の民話のうちで「学校の怪談」と分類される一群の話がある（常光徹『学校の怪談』白水社、一九九三年）。都会の学校を舞台に語られる怪異譚といってしまえばそれまでであるが、これはまた「都市の民俗」に位置づけられて一つの意味をもつ。学校の放課後、生徒たちが隠れんぼうをしている。女生徒が階段の下にいる異形のもの（老婆、看護婦）をみる。その異形は「見たな」といって追ってくる。あわててトイレに逃げこむ。ボックスに潜んでいると、異形はつぎつぎと戸を開けて接近してくるが、突然静かになった。女の子が思わず上を見ると、そこに異形がのぞきこんでいた、という恐怖譚が語られる。学校のトイレが中心になっている。そこには赤いはんてんを着た老婆や花子とよばれる女の子が出現する。そして赤いちり紙、赤い水、赤いマントなどが小道具に使われており、「赤」にこだわっている。赤は血の色であり、学校のコンクリートづくりの建物のトイレの一隅が、血だらけの場面として想像される。浄化装置の十分にととのえられた清潔なトイレが、陰惨な妖怪の登場を招いているのである。

便所・厠は排泄物を処理する空間であるが、不浄視される以前には異界との境界を占める空間とみなされていた。便所神や雪隠《せっちん》参りの民俗は、とくに出産や子育てに結びつけられて伝承されている。田舎の民家にある外便所が、妖怪出現の場所になることはごく自然だった。現代都市の学校の便所がやはり同様の機能をもっていることを、このトイレの怪異譚は示している。また学校に出現する異形のものが、下半身がないままに現われて、バタバタ、テケテケ、コトコトなどの怪音を発したというのも、かつての幽霊出現のヴァージョンであることがわかる。学校の幽霊には、きまって同齢感覚に支えられている同級生の霊がでてくる。昨日まで一緒に机を並べていた友だちが急に姿を消してしまった。それはかつての神隠しにも似た現象であるが、現代では交通事故死によるものである。当然、幼い子どもの霊魂が級友の間によみがえってくる。こうした怪談を、これもかつての百物語のように、クラスで先生と生徒とが一緒に語り合いながら、それを真実だと思ってしまう子どもたちにより伝播《でんぱ》され、しだいにストーリーが増殖していく。

学校は、まさに現代都市の闇の部分を仮想現実化させて都市民俗をつくり出していることになる。都市は、発生するプロセスにおいて、とりわけ自然破壊によってもたらされた闇の部分を胚胎していたことは明らかである。だから都市は繁栄のかげに、ケガレを累積させているのであり、その排除のためにハレがより強調される。都市の精神の基底には、ケガレに相当する異物を不浄視することによって、それがさらに強化されていく装置が設けられているが、それはたえざる不安によって支えられている。それを都市民俗の主たる特徴とみることが可能ではあるまいか。

現代都市マツリ

そうした領域では、現代都市のマツリが注目されている。これは都市化地域で復活される祭りと類似するところもあるが、いったん途絶えていた古風な祭りを再編成して町おこし・村おこしに用いるという、いわゆる「ふるさと再生」のモチーフが背後にある。それらは市町村の行政などの公権力が関与することによって拡充されていく。一方、都市のなかの祭り好きのボランティアが集まって企画した自主的な都市マツリもある。それは以前あった祭りの復活というより、都市生活のリズムのなかから自然発生的に生じたマツリとして貴重である。ただしそれが毎年くり返され、やがて民俗として定着していくには、行政側の予算措置などの手段がないかぎり、難しい現状である。

都市は、それぞれ出身の故郷を異にする人々の集合体でもあるから、それらの拮抗《きっこう》の上に祭りの存在がシンボル化する傾向がある。そうしたバランスをとるための工夫や演出が現代都市マツリには不可欠なのである。都市生活者たちは、学校教育で得た知識やマスメディアの情報を使って、マツリの装置を組み立ててそこに没入している。かつての伝統的祭りが文化財保存の対象として存在理由があるならば、現代都市マツリは、都市生活者の心意を反映した生き生きとした民俗でなくてはならない。

行政や企業そして自由なボランティア活動にもとづく新しい都市民俗は、逆に伝統的な民俗の意味からいえばセコンド・ハンド現象である。表面的には、神とか自然との交流を無視したイベントとしか見られない部分もある。都市博物館が、都市文化の価値を発見するために用意したレプリカ展示やイベントなどを、都市民俗の範疇に入れるという思考も必要となっている。

日本の民俗文化をトータルにとらえるためには、従来の里＝農村を中心とする視点をもつ日本の民俗学のあり方を大きく修正すべき段階に至っている。当初、山と里の関係から山民、焼畑農耕民の存在を対比させ、やがて山と海の交流によって生ずる山・海・里という多元的文化論へ展開した。これは海民の視点を大きく広げることとなり、列島文化全体を、海の側から見直すところへ収斂《しゅうれん》していった。すでに日本の民俗学にとっての海からの視点は、柳田国男によって彼の晩年期にいっそうの広がりをみせていたが、その軌跡が奈辺《なへん》に向かったのか、まだ十分に検討されてはいない。また現代の民俗文化は多元化しているところに特徴があり、現代社会を反映した都市化の民俗に加えて、さらに都市そのものがつむぎだした民俗との因果関係に新たな視点を定めることが重要であろう。

都市の境界性——千住宿の民俗文化

民俗学的な視点から宿場という場所性を考えるさい、このトポスが、一つの都市空間を形成しているが、とりわけ江戸市域の周縁部に位置づけられた四宿は、空間論的にいうと、境界という認識が成り立つ。民俗空間としての境界には、独自のフォークロアが成立していることについては、これまでの成果がものがたっている。ここで一つの事例として千住宿の民俗文化を考えるにあたり、千住宿とその周辺に伝承されてきた民俗事象を検討することにしたい。

宿場町千住の伝承

たとえば、『江戸名所図会《ずえ》』に品川宿周辺の面白い伝説がのせられている。それは、鈴の音がするという霊石についてである。鈴石といい、径二尺ほど、色は青と赤が混じったたようで、この石を打つと鈴の音色がするという。丸くて長い形である。その石を転がすと颯々《ふうふう》たる音がするので、その辺りを鈴ヶ森と称したという。この鈴ヶ森と品川宿の組合せに対照できるのは、鐘ヶ淵と千住宿のセットである。

鐘ヶ淵は、深潭《しんたん》であり、そこはたえず渦巻いている。なぜかというと、この隅田川に北西側から荒川が、北東側から綾瀬川が注ぎ込む、いわばそこに辻の空間が形成されているからである。この地点は別に三俣《みつまた》ともよばれていた。そしてその合流点から発するひびきが不思議な鐘の音に聞こえて、この地点のすぐ近くを渡る旅人に強く印象づけられたと思われる。

沈鐘伝説

実際に巨鐘がこの辻の地点に沈んでいたのかどうか。『武州古跡考』によると、享保年間（一七一六〜三六）に一度その鐘が網にかかったという話をのせている。川底で網にかかったので、水練の者がもぐってみると、「彼網の下りたるあたりの水底に寄つとひて見るに、何ともしれず水底に漂動《ひょうどう》するさまおそろしくて、寄《より》附《つき》かたし」という恐れの心持を伝えている。報告では、釣鐘が水底に横倒しになっており、その鐘は苔むし、水草生い茂り、それが漂い動いているのが、何か不思議な生き物に見えたと記している。はたしてそうであったのだろうか。

ある晴れた日に、わざわざ舟で三俣の地点に水底を見に行った人の談話では、「さすかに深き水底も少しは見へ透けるか、釣鐘水底に竪に成てある鐘の頭を正しく見たりと云」(『武州古跡考』)。今度は鐘が横ではなく立っていたというのだから、はじめから鐘が沈んでいるという前提にたっていたことは明らかである。そこで沈鐘の出所はどこなのかが、次の問題となってくる。これも諸説紛々《ふんぷん》となり、一説に、橋場《はしば》の法源寺の鐘楼が崩れて、ここに沈んだという。二つには下流の本所亀井戸の普門院の鐘だという。普門院が橋場から亀井戸に移転した折、運送の途中誤って落して沈没したという縁起もあった。三つには、橋場の長昌寺の鐘銘の記事によるもので、隅田川が氾濫した時、鐘楼が流失し、鐘が沈んだという。水底にあるといわれる巨鐘は、何度くり返しても引き上げることはできなかった。『隅田川叢誌』には、「昔此淵に釣鐘の落たるを引揚ること叶はずして捨置しが、終に淵の主となり、水底にあり、是は水神おしみ給ふ故なりと、里俗の口碑なり」という民間伝承が記されている。鐘が沈んでいるという思考は、その地点から不思議な音がひびいてきたことを合理的に説明するものなのである。

沈鐘伝説は各地に分布しているが、鐘の形が、精霊のこもるうつぼ状になっているところに一つの意味があった。福岡県宗像《むなかた》市の鐘ヶ崎などは、海底に巨大な鐘が沈み、そこは海神の管轄下に置かれる聖域を示唆している。同様のモチーフが隅田川の三叉路になる鐘ヶ淵にも語られていたのである。三つの急流が合流すれば当然渦巻きの激流となったわけであり、そこを越えるところに境界を通過する人々の心意が発生するのである。その合流点を溯《さかのぼ》っていくと千住大橋になり、そこもまた境界を形成していたのである。宿場に連なる大橋の存在は、往来する旅人にとって潜在的に境界性を意識させるゆえに、その周辺に怪音を発している空間という認識が成立したのであろうか。

江戸の七不思議

江戸の各地に、七不思議と称する不思議空間が現出していた。これらは、自然と人間との関わりのなかで作り出されたフォークロアである。江戸という都市空間には、一八世紀には全国各地から人々が集結しており、世界で一、二を争う大都会となっていた。江戸自体が巨大な境界空間となっており、各所に不思議な霊力が発生していたとみることができる。

とくに集中していたのが、江戸の北から東側にあたる、ちょうど荒川・隅田川の水辺であった。すなわち、千住・本所・馬喰町《ばくろちょう》・深川霊岸島・八丁堀とそれぞれに七不思議伝承が成立していた。明治三〇年代ごろまでこの七不思議は、人々の記憶に牢固なものであったが、現在ではもう消滅している。それでも千住や本所の七不思議など、ふと古老の昔語りに出てきたりすることもある。これら七不思議の特色は、水辺の樹木、光・音・魚などが、とりわけ橋の架かる周辺の空間に限定されて、異常な現象として人々の眼や耳に触れたり聞かれたりした事実にもとづいて構成されていた。とりわけ、橋としては千住大橋・両国橋・永代橋などがそれにあたるのであった。これら七不思議は、江戸が都市化する時点で語られた現象であり、いわば都市のトポスを支える心意の原点にあたるものの一つと考えられるのである。

千住大橋と緋鯉

千住七不思議のなかには前出の千住大橋にまつわる話が多い。とくに川の主である大亀や緋鯉《ひごい》が登場している。千住大橋の架橋が大工事であったことはよく知られる。

『武江年表』文禄三年（一五九四）の条に、「九月千住大橋を始めて掛くる（此の地の鎮守同所熊野権現別当円蔵院の記録に、伊奈備前守殿これを奉行す、中流急湍《きゅうたん》にして橋柱支ゆる事あたはず、橋柱倒れて船を圧し、船中の人水に漂ふ、伊奈侯熊野権現に祈りて成就すといふ）」とある。橋柱を立てるために、大事故がよく発生したという事実があった。また当時完成した橋脚の一部がとくに広くなっていた。そこでその理由についてのフォークロアが発生して不思議空間を形成した。大亀や緋鯉は明らかに、水神の使令とみなされていたのである。

緋鯉は、架橋以前から川の底に住んでいたという。大川への架橋で橋柱を立てたが、その間隔が狭いため、緋鯉が通れなくなってしまった。むりやり通ろうとすると体がぶつかり、橋柱が揺れて倒れそうになった。橋奉行は、大きな網に緋鯉を追いこんで押さえようとして、緋鯉の目に鳶《とび》を打ちこんだ。緋鯉は片目を失ったが、網を破って逃げだし、以前に増して橋柱にぶつかる。人間の方でついにあきらめ橋柱の一本を岸近くに寄せて幅を広げたので、緋鯉は自由に往来できるようになったという。千住大橋の橋脚の一部分の幅がどうして他のものにくらべて広くなっているのかということについて合理的解釈をもちこんだとき、この緋鯉の存在が浮上した。一方では橋づくりの難事業のプロセスが伝説化したが、ここには架橋することが自然環境を破壊する行為であったことを物語っている。緋鯉については、また別のフォークロアもある。

緋鯉のフォークロア

かつて荒川沿いに、荒木田の原とよばれる河原があり、その近くに大きな緋鯉が住んでいた。荒川は洪水がよくあったが、緋鯉の住む周辺の村々には被害はなかった。村に一人の若い船頭がいた。彼は緋鯉と出会いそれに「あか」という名前をつけた。ある時、この緋鯉が若者に口を利くようになり、若者と緋鯉は会話をするようになった。毎年春になると江戸の市民たちが、この河原に花見にやってくる。ある年のこと、多勢の花見客たちがたまたま水面に浮かんだ緋鯉をみつけて、棒でつつき、石を投げた。それを若者が止めようとするが客はなおも石を投げつけ、ついに緋鯉の片目を潰してしまった。すると俄《にわか》に大嵐が起こり、大洪水となって、川原の花見客たちを襲った。そして近くの村々の田畑をすっかり流してしまった。若者は無事であったがそれ以来、若者が緋鯉をよんでもついにその姿は現われなくなったという。

緋鯉にまつわるフォークロアは、ともに片目の魚であることを特徴としている。片目の魚は、神使であり、神の魚であることの標示である。この場合、荒川に住む神魚であり、架橋される以前には、神魚＝片目の魚は水神の使わしめとしてとらえられる存在であった。最初の話は、江戸と奥州とをつなげる千住大橋の架橋が、荒川の水路に大きな影響を与えることでもあり、橋柱の幅を拡大させるために、神魚の意思表示があったことが示される。また、片目の魚が物言う魚であり、神魚と若者の交流は、自然との共生の環境があったことを示している。ところが人間と自然とのスムースな関係は破壊されてしまう。それは川原に都市民が進出したこと、すなわち観光開発による環境破壊とみられた。川原が花見の名所となることは、土地に利潤をもたらしただろうが、神魚の住む清らかな川が汚染されることになった。そして、観光客により神魚が追われてしまう段階で洪水が起こり川原周辺は全滅したのである。神話的モチーフであるが、当時の人々は、実際に大洪水を経験した事実を語りながら、地域開発に伴う生活環境の破壊の様相を心に刻みつけようとしていたのであろうか。

次に千住大橋をめぐって綱引きが行われていたことも興味深い。『東都歳事記』に「千住大橋綱曳《つなひき》今はなし。小柄原《こづかはら》天王の祭礼によつて、橋の南北にて大綱をひきあひ、其年の吉凶を占ひけるが、やゝもすれば、鬪諍《とうじよう》に及びしゆへ、両村云あはせて、此事を止けるとぞ。又今日神輿大川を渡せし事ありしが、是も絶たり」とあるのがそれで、毎年六月九日、天王祭にかねて行われていた。その年の豊凶を占うのが本来であったが、水辺で悪霊を払うという天王祭に即していうなら、この綱は水神である蛇体を意味していたのであろう。

江戸の酉の市

春をまつことのはじめや酉《とり》の市　其角《きかく》

といわれるほどに、江戸の酉の市は、一年間の大きな折り目であった。『東都歳事記』には「酉の祭」とあり、『守貞漫稿《もりさだまんこう》』には「酉の町」としている。一一月酉の日の、一の酉の日が重んじられ、三の酉の日はそうざらにないのだが、たまたまそれがあった年をあまり喜ばない気風である。吉原に異変があるとか、火事が多いともいう。ふつう二の酉ですむものを、余計だと異常に感じた江戸ッ子の意識の一つの表れといえる。これは「酉のまつり」であった。
祭と記し、マチと仮名をふった『東都歳事記』の作者がいうように、

当時有名だったのは、花又村鷲《はなまたむらおおとり》大明神・下谷田圃《たんぼ》鷲大明神・千住二丁目勝専寺・浅草鳥越神社などだが、さらに巣鴨宮下町・四谷須賀神社・新宿花園稲荷社内・深川八幡社内等々、境内に勧請されている鷲明神があげられる。

このうち、もっとも古くから知られたのは、花又村（現足立区花畑町）の大鷲《おおとり》神社であった。江戸市中から日帰りコースの適当な道のり、船で隅田川を北上する参詣客で賑わった。その模様を記した『遊歴雑記』の描写はなかなかおもしろい。江戸の町人が、大部分の参拝客であるから「春なりせば途中といひ眺望の面白からんに、冬枯の東北へ向ひて第一寒く畷路《あぜみち》の霜解《しもどけ》に日短かく、左右の圃《はたけ》に青きものとては麦・蘿匐《らふく》・冬菜《ふゆね》葱《ぎ》のみ、夫さへ彼方此方ところ〳〵抜ちらし、枯葉散乱して畠踏荒せば見るもいぶせく、唯丹鳥・鴻雁等のこゝろのまゝにあさるを程近に見るのみぞ一奇観といふべし」とあるように、冬枯れのうらさびれた当時の荒川辺りの田園風景が、江戸町人にはひどく珍しく感じられているの

である。日ごろ彼らとは無縁の農村地帯を通過していくが、「花又村の農家思ひ〳〵に食をひさぐといへども、麤悪《そあく》にして一つも喰ふべからず」という感覚もあった。

　榎戸《えのきど》の土橋を越えたところより、急に賑やかな盛り場になっている。『遊歴雑記』はつづけて「商人は小路の左右に尺地もなく居ながれ、笊《ざる》を商ふもの、川魚・海魚・塩物屋のよろづ鉄物類、扨《さて》は唐の芋・何首烏《かしゅう》・柚《ゆず》・蜜柑・柿・琉球芋・金柑、黍《きび》もろこしの切餅、小間物、古着類、竹熊手にいたる迄、種々の商人の出たるは更に市の如し」とのべている。いわば農村地帯に忽然《こつぜん》として、大鷲神社の市を中心とする盛り場が出現しているわけである。ただ市の商品の中でも、「熊手の笄《こうがい》・簪《かんざし》をひさぐもの夥《おびただ》しく、これを首に刺せば運つよく、一切の魔事を払ひ、よろづ勝利を得とて、人みな求て土産とし、或は竹の大熊手・竹箒《ほうき》を求るあり、又何首烏・唐の芋・八頭といへる芋を調え、扨は抽笊《ぬきざる》の類ひ何れも魔除《まよけ》によく（下略）」とあるように、転じて縁起物となっているものもある。

　柄の短い竹熊手に宝船、お福の面、千両箱などを結びつけた名物の縁起物は、こうした市の商品から生まれたことも明らかだろう。「竹把《くまで》・粟餅《あわもち》・芋魁《いもがしら》」の三種がことのほか珍重されたのは、熊手が幸運をかきあつめる呪具に見立てられたためである。また粟餅や芋が、収穫期の農村のハレの食物として使われていたのが、都市に住む人々の好みに合ったのだろうか。粟・芋は畑作儀礼の供物に用いられていたのであり、これが酉の市の土産物として、町人に受け入れられたのである。

飾り熊手は、各家で目立つところにさしておくと、正月中の魔除けになるという俗信もあった。「此祭礼に買しもの何によらず仕合よし」というほどだから、江戸市民にとって正月の「ことはじめ」の縁起物がそのまま幸運に連なる呪力を発揮したのである。

同時に酉の市には、年末に一発勝負をかけて、参詣客たちの辻賭博《つじとばく》が行われたことも知られている。「神前までは坪と胡蓙《ござ》敷きつめる」という川柳にみられるように、境内で賭博が開かれていたのである。ただ『遊歴雑記』をみると、「花又村鷲大明神へ水陸より参詣群衆す。天明年間迄は此道筋にて賭勝負を行ひしが、今は難《あり》レ有《がたく》も絶たり」と記されている。安永二年（一七七三）一一月に「博奕を禁ず、参詣の人自ら少しと云ふ」（大田南畝『半日閑話』）という状態になった。

江戸の酉の市には流行があった。花又村の酉の市を本酉といったが、しだいに下谷の浅草田圃の酉の市の方に人気が集まった。この方は明和八年（一七七一）ごろから流行期にはいっている。花又村の方は博奕《ばくち》の禁止に伴い、参詣客も減少してしまった。

浅草田圃の酉の市

浅草田圃の酉の市は新吉原の西隣りにあるという立地条件があって、人気を集めた。ふつうは締切っている裏門が、酉の市の祭日に限って開放される。ついでに男性客が吉原見物をかねたのである。

花又村の方は別当が新義真言宗正覚院、下谷の方は日蓮宗長国寺であった。世俗では中の酉といった千住二丁目の酉の市は浄土宗勝専寺が別当である。こうした寺院側が、酉の市をたくみに宣伝に用いていたことも、縁起類をみるとよくわかる。

鷲や白鳥は、もともと民俗信仰の中で決して大きく位置づけられるものではない。酉の市の大鳥は一体何を意味したのだろうか。

『東都歳事記』には、花又村鷲大明神について、「参詣のもの鶏を納む。祭り終はりて浅草寺観世音の堂面に放つ」と記している。同様の記事は、『江戸名所図会』にもあり、この市に近隣の農民が家鶏を献じて、その後ことごとく浅草観音の前に放ったというのである。花又村の氏子たちは鶏を食べないというタブーをもっていた。もっとも鶏は、現在のような卵を産む洋鶏ではなかった。チャボとよばれる種類であり、もっぱら時を告げたり、異変の予兆を知らせる鳥として存在した。千住から花又村あたりの農家には、鶏が多く飼われていた。山中共古《きょうこ》は「酉の市考」の中で、鶏卵売りは千住の箕輪（三輪）の方からくることから、花又村の酉の市は、実際農家が、鶏の売買をする市場ではなかったかと推察している。ただ、当時の商品の中に鶏をみることはできない。むしろ、鶏を神社に献納したのが本来だったのではないだろうか。

鷲明神の社前に、数多くの鶏が奉納される。花又村のように日常は静かな農村であると鶏の使途に困る。狐などに食い殺されてしまうので、境内に放し飼いにしておくわけにはいかない。そこで浅草寺境内に納められるようになったというのである。浅草寺境内には、アジールの性格が温存されていた。捨子・行倒れ・乞食が数多くあった。さらに不必要な品物や忘れ物・盗品など雑多なものがそこへ置かれていく傾向があった。鶏を浅草寺境内に放し飼いにしていたのが、やがて鳩に変ったという説もあるくらいである。鳩にしろ鶏にしろ、神使としての性格が強くあり、特別に神仏の加護があったのである。

俗に浅草寺には、雌鳥を納めると雄鳥に変じるという言い伝えがあったという。ただ花又村へ参拝に行き、鶏をわざわざ土産にすることはなかったろう。浅草寺云々は、むしろ近くの浅草田圃や鳥越の鷲明神の酉の市と関わっていたことを示している。鷲明神の分布は、全国的にみて決して多いものではない。大鳥とか鳳という名称と同じだが、その基本には神使である鳥に対する信仰があった。農家の鶏が神聖視されるところをみると、この鶏をやたらに売買するわけではなく、年に定められた日に神社に市が立ち、実際にそれが鶏の市であったかもしれない（山中共古「酉の市考」『郷土研究』二―一）。

ただその場に、町人たちが参拝にでかけている点に特色があった。彼らは鶏を飼うわけではなく、縁起物として求め、新年の開運を祈願することを目的としていた。農家にとっては、実用品の農具や、町場の商人たちの搬入した品物に魅力があったろう。収穫も一段落して、来年の農作業に備えるため、用具の整備につとめる時期でもある。

酉の市は、都市と農村の交流の場として設定されているのである。江戸という大都市の周縁部の千住の宿場の近くの場所で、市として年に二度、三度と盛り場に転じることに一つの意味があった。千住を代表とする江戸の周縁部に設定された四宿の一つ一つに境界性が存在し得ることは明らかであるが、それぞれの宿場のもつ独自性を比較することが今後必要と思われる。

都市の語りだす物語

現代にかぎらず江戸時代にも都市を語る資料のなかには、都市生活者のいだく感受性の一つとして異常感覚というべき心意が示され、それが奇事異聞あるいは怪異譚として記録されている。以下若干例示してみる。

都市の怪異譚と小町伝説

江戸時代の半ばごろ小石川、無量院というお寺の脇に小野小町の墓があった。小野小町は、漂泊の巫女であり、全国に小町伝説は多い。小町が化粧した池であるとか、小町が舞いを舞った場所であるとかといった小町伝説がある。そこで小町が年老いて死んだと称するお墓が三十数ヵ所、全国各地から報告されている。その一つが東京、小石川の無量院にあった。江戸時代の山崎美成《よししげ》編『譚海《たんかい》』の記事によると、この寺の檀家で大名の牧野家が、小町の五輪塔の墓が古いのですっかり気に入った。牧野家の当主は茶の湯が大好きだったから、小野小町の墓と称する石碑を材料に灯籠をこしらえて自分の屋敷の庭に置いた。それ以後、牧野家には代々怪異の事件が起こった。当主、そして次の息子、三番目の息子、いずれも急逝してしまった。牧野家の家人は、小野小町の墓の石を勝手にもってきたためであると、死霊の祟《たた》りを恐れて、無量院に返却した。しかし霊の祟りはなお止まらず、寺の中にも怪しい事件が再三起こった。そこでついに小町のお墓を造りかえ、五輪塔を移した七月八日を忌日として毎年供養を行うようになった。それ以後、お寺に何の怪異も起きなくなった。

ところで安永八年（一七七九）は小野小町の九百年忌にあたっており、法要を盛大に行っているのを山崎美成が見学して、この記事を載せているわけであるが、小野小町が伝説上の人物であるにしてもそのお墓が、人々の潜在意識の中に再現されていた。とくにこれを祀ったという場所、石塔を立てた場所の周辺に、何らかの問題が起こっていた。その地は祟りが現れやすい場所であるということを伝える怪異譚になる。

女の霊

さらに、人々が恐しいことを感ずるという例がある。東京の後楽園球場の横に、小石川牛天神《うしてんじん》が祀られていて、その近くに細田嘉右衛門という二五

○石取りの武士が住んでいた。この嘉右衛門の祖父の時代、元禄年間のこと、お妾さんを住まわせていたが、その妾が不義密通しているといううわさを耳にした。嘉右衛門の祖父は妾を問い詰めて、不義密通をしたかどうかと糾《ただ》した。しかし妾は、そんなことは一切ないと、反発した。嘉右衛門の祖父は、主人に抗弁しすぎると、抜き打ちで切りかけた。女は白刃の下をかいくぐり、なお私は罪はないと言って逃れようとしたけれど、主人は聴こうとしない。女は芋畑に追い詰められ、切り伏せられた。そのとき彼女は、かっと眼を見開き、「我れこの期《ご》に及んで何を言おうか、何の罪もない、無実の罪で殺されることが無念だ」とよろめきながら、畑の一角にあった井戸の中に飛び込んだ。それから百有年余経って、三代目の嘉右衛門になったが、この女の怨念が屋敷の中の一角に現われていて、そこで野菜畑を作ると、丸い実は生じないという。だから、冬瓜《とうがん》とか茄子《なす》とか南瓜《かぼちゃ》、といった作物は生えてこない。仮に出てきても、人間の顔のようなものになっていて、その味は大変苦い。芋を植えると、芋茎《ずいき》の切り口から血のようなものが滴《したた》って生臭い。芋の子は目鼻のごときものを生じて、これを蒸しても固くて苦くて食べられない。また屋敷の井戸は、水が血のようになっていて、飲むことができない。そのために近くの三河屋五郎兵衛という酒屋の井戸から、飲み水を貰ってきて飲んでいると記している。細田嘉右衛門の嫡男は弥之五郎といい二二、三歳で子ももうけている。しかし家の方には何の祟りもなかった。しかし当主の嘉右衛門だけは時に異様な行動を示すようになっていた。たとえば、毎朝酒屋の三河屋五郎兵衛のところから半紙を一丁ずつ買ってきて、その日一日の手ふき紙として手拭の代わりとするといった具合である。その半紙は必ず決まった時間に、明け方に買いに来た。毎朝買いに来て、手拭を用いることがない。したがって、一年間三六五丁の半紙を使うことになる。どうも、女の怨念のため水で手を洗うと、血の色となり手拭が生臭くなるため、手ふきに紙を用いているらしいとうわさされている。

女の霊というものがよみがえってくる場所が定められていて、そこからいろいろな怪異現象が起こっている。それを祓い清めるために、当主は毎朝明け六つの時間（午前六時ごろ）にわざわざ定まった量の手ふきの紙を買い求めざるをえないということになっているらしい。この場所は、小石川牛天神の下であり、諏訪町と西横町とが交差するちょうど角の屋敷になっている。その屋敷の一角の中のまた限られた場所に怪異現象が起こっているのである。

坂道の屋敷

また『譚海』には次のような話がある。大名の本多家の後室が若いころ、六番町の三年坂の中ほどに住んでいた。ここには場所的に一つのイメージがある。六番町というのは宅地造成した地名であるが、三年坂というのはその脇に墓地があり、もし坂の途中で滑って転がると、三年以内に命を失うといわれる恐ろしい坂である。だからうっかり三年坂で転ばないようにというと、逆に転んでみたいという願望を持つ女性が意外と多いという。これはなぜかよくわからないが、そういう世界にアプローチしたいということなのかも知れない。その三年坂の中ほどに住んでいた女性の家が化物屋敷になっていろんな怪しいことがあった。夜更《ふ》け、行灯のもとに座って仕事をしていると、傍らにいた腰元の女の顔がたちまち長くなり、また急に短くなる。あるいは恐ろしい顔になって消え失せることもある。座敷に突然火が燃え出すことは珍しくないという。腰元が病気になって休んでいたが、その女が紫色の足袋を履いて掃除したりしているので、はなはだ怪しく思いながら女の休んでいる所へ行ってみると、やはり女は寝ている。掃除している女と寝ている女は同じだけれど、一度に二人の女が見えている。こういう奇異な現象が多くて、家中の者が難儀するために、この三年坂の中ほどにある屋敷を建て替えて、現在の加賀屋敷の方に移ったという話になっている。

明和九年（一七七二）、江戸に大火事があった。目黒行人《ぎょうにん》坂の火事として知られ、江戸中が大火災になった。その火災の夜、牛込の若宮八幡の脇に住んでいた加藤又兵衛の中間が、市ヶ谷の佐内坂の途中に来かかると一人の美女が泣いているのに出会った。事情を尋ねると、自分は焼け出されて行くべき場所がないと言う。それならば、私の家へおいでなさい、一晩泊めてあげよう、明日、誰か知人を探してあげようと親切心をだした。女は喜んでついてきた。彼は、独身の男であるから、別の意図もあった。そして部屋に連れていった。いろりの火を沢山さしくべて、ご馳走を食べさせてやった。食べさせているうちに急に眠くなって、うつらうつらしてしまった。すると、女の方も横になって昏々と寝ている。ひょっと彼女の足元を見ると、長い毛が見える。これは何ごとかと思ってずっと見ていると、いつの間にか古狸の姿になり、前を大きく拡げ、大きな睾丸を拡げて火に焙っている様子である。おのれ狸め、打ち殺して狸汁の実にしようと、打ちかかったらば、狸が気づいて驚いて逃げ出した。このことがあってから、加藤又兵衛の屋敷も佐内坂の途中から新しい屋敷へ移ったという。

要するに、怪異譚の語られている屋敷が坂道の途中にあったという説明になっている。狸に化かされていたとか、怪異が出るお化け屋敷とか、屋敷地がいずれも坂の途中にあること。もう一つは、その周辺が湿地帯とかかわっていることである。

江戸で怪異現象が起こりやすい土地というのが池袋だった。池袋に集中して現われているというのは、この地は江戸の水源地でもありじめじめした湿潤地帯であったこと。そういう土地柄と、都市近郊であるという、江戸の周縁部にあたる農村ということが、立地条件としては重なっている。

池袋の怪異譚

しばしばとり上げられる池袋の女の話もあるが、『譚海』などをみると、その他にも池袋には以前からいろいろな怪異譚が語られていた。杉山勘兵衛という人がいて、かれは百姓だった。百姓の勘兵衛が、文政元年寅年（一八一八）の四月の初めに行方不明になった。親類縁者たちが手を尽くして探したけれど見つからない。この時期はちょうど農業の忙しい時期であるが、田畑の仕事をやめて鉦や太鼓を打ち鳴らし、あちこちを尋ね歩いた。約一五日間探しまわったけれども出てこない。人々は結局神隠しであるということで諦めた。しかるに、ちょうど二〇日ぐらいたった明け六つごろに、勘兵衛は自分の家の前に忽然《こつぜん》と立っていた。そして、手に小さな包みを持っていた。家に入るやいなや、彼は座敷にばったりと倒れて、眠ってしまった。そこで、村の者も皆続々と様子を見に集まってきた。約四時間熟睡した後、勘兵衛は起き上がってこう言った。自分は山伏によって連れていかれた。山伏は自分を背負って山中を飛びまわっていた。そして今朝別れるときに、お土産にと薬を貰った。この丸薬は一切の悪病、魔除けに効くという。またそれを懐中に入れておく者は、勝負事には運強く諸々の難病に効果があるといわれていると言って取り出した包みの中から、丸薬を人々に見せた。さらに、勘兵衛は、日本国中の神社仏閣・名所古跡、すべてを歩きまわってきており、その様子を確実に人々に伝えたという。人々はこれはまさに神霊がのり移ったものだと言いはやして、みんな勘兵衛を見に集まってきた。そして帰りには持ってきたという丸薬を貰いたがった。遠方より訪ね来る人々で市のごとく賑わったという。六日間でこの評判は上るのみであった。たとえば、一人の娘が三年間も長患いであったが、勘兵衛の持っている丸薬を貰おうとして池袋にやって来るやいなや、明け方から不快な症状が消え失せて、正気となり、丸薬を買う前から病気が治ってしまったというわさが広まった。勘兵衛はたちまち金持ちとなった。そこで池袋村を出て、高松町の立派な屋敷に入った。一代にして大金持ちになったという。

この話には後日譚がある。勘兵衛は実は神隠しにあってはいなかったという話になっている。勘兵衛が一儲けしようとして、丸薬を薬屋にわざわざ安い値段で作らせて、その間に勘兵衛が神隠しにあったという演出をした。実際は新宿の色街に居続けて遊び過ぎてしまったという。それが長い時間かかってしまったので、家に帰ることができなくなり、いろいろ言いつくろいができるように、神社仏閣の名所案内記を全部暗記して、神隠しにあったという形で戻ってきて、まんまと商売が成功した。あっという間に金持ちとなって、村を飛び出して、大きな屋敷に住むことになった。この話が偽薬を作った薬屋の口から世間に広がり、池袋の農民たちは、自分たちを騙すとは何事かと、蜂起して、勘兵衛の屋敷を数千人が取り囲み、鍬や鋤・天秤棒などを持って、大声を張り上げ、勘兵衛の家を破壊せんとした。この大騒ぎを聞きつけた菩提寺の住職が駆けつけて、村人と勘兵衛の中に入り、すべてが誤りであることを証文に書かせ、インチキをした勘兵衛を出家させることを条件に、騒ぎは収まったという。勘兵衛なるものは、ごく普通の百姓で、口だけは達者であったけれど、それ以来すっかり無口になり、村の者に対しても口を開くこともなく、ただ黙々と生涯を終わったという。世の中で神隠しというものは、だいたい幼い子供や女に多いが、若い男が一五日間も行方が知れないというのは、本来インチキだと知るべきなのに、それがわからなかったのだから村人の方にも責任があるということで、一件落着している。

これは江戸時代の話であるが、現代にも通ずるペテン師の話である。以前の池袋村は、今のＪＲ線の駅から少し離れ、高速道路のある方の奥の方にこんもり繁った森林があり、そこに池袋天神という神が祀られていた。池袋天神のことが江戸でよく語られていた。それは、占いの神で有名だった。池袋天神の神前の石を持ち上げて、それで占いをした。当時の流行神で、占いの当る神様だった。この占いを宣伝したのは江州《ごうしゅう》からきた旅の聖であったという。彼は石の御神体に池袋天神と命名し、いわゆる新興宗教を流行らせたわけである。

池袋村にはそういう霊験あらたかな土地であることを言いはやす人々が集まって来ているというイメージがあった。この池袋天神は、文化年間の初めに流行りだし約三年間にわたって人々が群参していた。柳田国男も、かつて池袋の女のフォークロアが本当にあるのか、調べに行き、この辺りは異常心理が発生しやすい土地柄であると指摘していた。

前述のように池袋村というと、江戸の水道の水源地となっていたところで、ここから流れてくる水が護国寺の裏の水道を通って江戸市内に入ってくる。いわば池袋の水を江戸人が飲んでいたわけであるから、そこに一つの場所性が示されてくる。

聖なる空間

こうした都市の民俗学的にみた場所性の問題については、現代都市論の場合にも欠くことはできない。そこには都市が開発される以前の、その土地が秘めていた記憶が刻みつけられているからである。場所性を語るフォークロアについては、これまでもいくつかとり上げてきているが、そこには共通点が見出される。その場所は、表面上ごくふつうの地表であるが、そこに都市生活者の感覚が介在することにより、都市独自のフォークロアが語り出されてくる、と考えるならば、そのモチーフとなっているものが何であるのかを明らかにしなければならない。共通点として指摘できるものは都市の聖性というべきものである。

まず聖の空間としての都市を考えてみる。ミルチア＝エリアーデのいう聖なるものの顕現に相当するものは、空間における霊的な力の集結とみられる。すなわちそれまで何事もなかった世俗の場が急速に聖なる空間に転換する事例があり得る。その前提として自然の風景のなかに点在する藪や岩や池それぞれに霊魂がこもっているという認識があった。「神は細部に宿り給う」という表現は、本来大自然を人間の思考枠組に引きこんで歴史の対象としたことに端を発している。人間が自然のなかにタマやカミの存在を認めることによって、自然は変容をはじめるのである。そしてそこに聖の顕現を可能とする空間が成立する。都市の原点には、そうした自然風景が変容するプロセスの反映があるといえる。

聖なる空間として都市は、エリアーデのいうヒエロファニーのくり返しによって、しだいに人間の視野に送りこまれてきた。そしてそれを発見するのは、まず旅の宗教家たちであった。だから彼らの語りだす物語、すなわちフォークロアの中味がより興味深いものとなる。

一例をあげてみよう。一人の旅僧が訪れてきて、泉の辺りで一夜を過ごした。そして携えていた杖を地面に差した。その杖は一夜のうちに根を生やし、成長して神樹となったという伝説がある。旅僧はその場所を、神の降臨地と定め、神樹は神霊の依代《よりしろ》とみなし、その近くに居を定めた。周辺の人々はこの旅の聖《ひじり》の住む地域を聖なる土地とみて、四至を囲って俗界との境を区画した。囲いが設けられ、注連縄がはりめぐらされた。やがてこの「聖なる空間」は、時がへるにつれ神社・仏閣になる。そしてこの空間が原点となって、やがてそれが都市の中心になるのである。寺社の門前町の形成をみればそれは明らかであろう。たとえば江戸東京では浅草寺を中心とした都市空間のあり様が対応している。

ここに一つのフォークロアがある。場所は東京都板橋区を通る川越街道に沿った「下頭《げとう》橋《ばし》」にまつわるものである。この橋は川越街道が石神井川を渡る地点に架けられていた。昔は木の橋であった。この橋のたもとに旅の乞食がやってきて住みつき、橋を通る往来の人々から食物を恵んでもらい暮していた。この乞食の名前を「六蔵」といった。六蔵は、いつもむしろに座って頭を下げていたが、ある冬に死んでしまった。人々が六蔵を墓に埋めようとして、彼の身体を持ち上げると、身体の下に大金が隠されていた。人々がその始末に困っていると、一人の旅僧が通りかかり、木の橋に代わって、石の橋にするよう提案した。ここに丈夫な石橋が作られ、以後大水で流失することがなくなり、人々は安心して暮らせるようになった。旅僧は石橋が完成した後、榎の杖をさかさにさして去って行き、その榎は成長して大木となった。榎の大樹の根元のほら穴には、木の主といわれる白蛇が住みついており、恐れられていたという。

これは、「下頭橋」という橋のたもとに生えていた神樹を中心に「聖なる空間」が成立していることを物語っている。その土地は街道筋にあたっており、いわば世俗と交わる接点でもある。「下頭」は、別に「別当《べっとう》」という発音の聞きちがえとする説もあるが、街道（カイド）のあて字かも知れない。いずれにせよ境界の川や橋の周辺に神霊がこもることを示唆しているといえる。「下頭」すなわち頭を下げる、礼拝するという意味がこめられている表現からも、そのことが推察できる。

道ができて、川に石橋が架橋されることにより大きく自然が変容した。橋のたもとに聖が出現することによってトポスが形成された。宗教者が介在して、現実には聖地がそこに選定されたのである。通行の人々が礼拝することによって、その聖地はしだいに神話化し、タブーが成立した。タブーは侵犯されることによって、変容していき、そのプロセスはやがてフォークロアとして定着した。別な言葉でいえば、自然の風景がしだいに変化して都市化するプロセスにおいて、都市の「聖なる空間」についてのフォークロアがさまざまに語りだされたのである。

不思議を語る伝承

前述したように都市生活者たちが、都市の七不思議について語る機会がある。それは、都市の内側に住む人間が当初遠方にある異郷の地からの情報をうわさ話・世間話として語った事例が多い。注目されるのは、やがて都市の内部から、七不思議が発生してきていることである。たとえば、東京の麻布七不思議・本所七不思議・番町七不思議・下谷七不思議・霊岸島七不思議等々がある。そこに選ばれているのは、神樹と霊泉に関するものが多く、樹木が逆に生えている大きな銀杏《いちょう》は、元はといえば旅の聖が大地にさした杖であったという。杖を地面にさしたらば、水が湧きでて弘法清水となったという類型的なモチーフがあり、そこに「聖なる空間」が現出している。そしてその地点を破壊してはならないという潜在意識があって、禁忌が生ずる。

麻布七不思議の一つで、かつて鳥居坂の真ん中に径一尺余りの石があった。道路の邪魔になるというので掘り出そうとしたが、いくら掘ってもその根っこに当らない。なかなか動かしにくいのでハッパをかけて上部を破壊することとした。この石に塩を手向《たむ》けると足の病気が治るという信仰もある。一方に大地の震動を鎮める要石《かなめいし》信仰の一例ともみられるが、それはこの土地にはじめから備わった霊石であり、その周囲は聖域となっていた。都市化のプロセスで始末が悪いことは、坂の真ん中にあるこの要石は、決して動かすことはできないということだった。動かすと祟りがあると信じられていたのである。もしそのタブーを破ると大地震になるなどという口碑にもなっていた。江戸や東京といった大都市が、坂の途中にある石を動かすだけで破壊されてしまうという言い伝えは、その原点に、聖域の侵犯というタブーが働いていることを意味している。同工異曲の茨城県鹿島の要石の方はきわめて有名であり、麻布の七不思議はその亜流に過ぎない。こうした「聖なる空間」のトポスが都市空間には隠されているといえる。本所や千住にある片葉の葦も有名である。千住の場合は、弘法大師が荒川を渡ったとき、その威光にひれ伏して、川原の葦が、一方になびいてしまったと伝える。旅の聖が通過することにより、聖地が画定されたことになる。片葉の葦というのは、水流や風向きの影響をうけたためふつうの形状とは異なるのであり、これを見て人々はそこに神霊が宿るものと想像したのである。

本所の置いてけ堀もよく知られている。溜池で沢山の魚を釣り、魚籠《びく》に入れて持ち帰ろうとした者に、背後から「置いてけ置いてけ」の声が聞こえるという場所のことである。もし置いていかないと、男は迷子になり、道が分らなくなって、いつまでも家に帰れなくなる。置いてけ堀の元はかつての霊泉であり、その周辺は聖なる場所であった。都市化に伴いその場所を、人間が侵犯したというわけで、神霊の罰として迷路におちこむことになる。本来なら人が釣をしてはいけない聖域だったのに、勝手に入りこんで、禁忌を破ってしまったことから生じたフォークロアである。

これらの不思議現象は、いずれも江戸・東京という都市空間に形成されたものであった。都市それ自身が、巨大な境界なのであり、自然が破壊されて都市の歴史がつくられていくプロセスにおいて、こうした「聖なる空間」がタブーの対象として語られているのである。特徴的なのは、都内を流れる荒川・隅田川などの大河の水辺に不思議現象が発生しやすいこと。千住・本所・深川・霊岸島・馬喰町・八丁堀などの地点に集約していること。それらには都市生活者の記憶に強く印象づけられたタブーがあったのである。それが事実であると信じていた人々は、少なくとも明治三〇年代までは残っていたのである。

現代の大都市には、こうした隠されたトポスの発見が難しくなってきている。しかしそれは思いもかけない地点から、あぶくのように発生するものである。近年民間伝承の世界で注目された、前述の「学校の怪談」もその一つで、学校の建物の一隅にある便所がフォークロアの素材となっている。小学生や中学生たちがあたかも実見したかのように語っている内容は、階段の下あたりに見かけない老婆と出会い、追いかけられて便所のなかに逃げこんで息をひそませている恐怖感が語られていたり、便所の中に入ると、姿は見えないが、問いかけの音声があって、赤・青・黄の色の好みをたずねられる。うっかり赤と答えると、刃物で傷つけられてしまうという陰惨なものもある。便所や階段といった地点に霊異が働いていると、子どもたちは意識している。かつて都市化のプロセスで禁忌となった不思議なトポロジーが「学校」に再現されているのである。

都市生活者の心意

阿部定と赤マント

江戸が東京にかわっても、同工異曲のうわさ話が続出している。大正の初めごろ、荒川区の尾久に女が行くと殺される、といううわさが評判になった。尾久（奥）という音が端的に表わしているように、この辺りは東京市内の境界領域にあたる土地である。そういう場所へ女が行って殺されたというのである。実際、昭和初年には荒川の尾久で若い商店の主婦が三人、あいついで白昼に殺されるという犯罪事件があった。当時の新聞の三面記事をにぎわせていた「尾久の奇っ怪なる連続事件および阿部定《さだ》騒ぎ」という記事である。昭和の初めに実際に連続的に女性が殺される事件があり、以前から言われていた尾久に行くと女が殺されるという口碑が、現実の問題になったのである。そして一〇年たつかたたずに阿部定の事件が起こった。昭和一一年のことで、二・二六事件の直後である。この猟奇事件の舞台が、尾久の待合であった。そして、逃走中の阿部定がどこそこの場所に現われた、といううわさが東京のあちこちで流れた。『朝日新聞』には銀座・神田・東京駅・芝・日本橋などの地名があげられており、それぞれに阿部定が現われたと報道されている。すると、そのたびごとに大勢の見物人が集まってきた。結局阿部定が逮捕されることによって、そのうわさ話は落着したが、その後尾久では、阿部定を福の神として祀りこめ、そのために尾久の花柳界は大変にぎわったといわれている。

阿部定事件のあとしばらくして起こったのが「赤マントの女」事件である。大宅壮一と本田和子の二人が奇《く》しくも「赤マント」を取り上げている。この事件で「赤マント」に狙われているのは女学校の生徒であった。

大宅壮一は赤という色が当時人々の恐れていた共産党のシンボルカラーであるから、「赤マント」は男であると解釈した。また、本田和子は、赤とは「女の血」を表わす色だから、「赤マント」は女だと理解している（本田和子「『赤マント』の行方」『ユリイカ』一八―七）。

本田のいう赤マントの女は、黒いインバネスに身を包んだ老婆であると思われているが、唇から犬のようにとがった歯がのぞいていて、マントの裏が血のように赤かった。その「赤マント」が少女を襲って肝を取ることから、血取りとか、子取りとか言われていた。子供の遊びである「子取ろ子取ろ」という子取りの伝統的な遊びがあり、本田はその問題と結び付けて、江戸時代以来の幼児誘拐の遊び「子取ろ子取ろ」とダブル・イメージになるような、子供を略奪して生胆や生血を抜くという民俗がベースになっていて、昭和の赤マントになっていくのだろうと推察している。とくに若い女の子が殺されて、血を流す。かつて山中に住み、人々の血をすするという山姥《やまんば》が昭和の初めに「赤マント」という形で出てくるという、いわばフォークロアの系譜になると、解釈している。

現代社会にも、こうした話は事欠かない。たとえば都市的犯罪でよくある通り魔事件など、三面記事の報道によく出てくるが、注意してみると通り魔に遭遇した場所に、ある共通性がある。それは四辻などの交差点や橋の上、橋のたもと、四つ角などである。同様にこれも話題となったいわゆる自殺の名所とよばれる場所がある。一九八二年ごろから、東京と川崎の団地がその対象となった。T団地は、荒川の川岸、橋のたもとにある広大な団地。K団地も橋のたもとの高層アパートである。これは偶然の一致といえばそれまでであるが、前述してきたように潜在意識のなかに刻まれている民俗空間の一つの特徴といえるかも知れない。

都市のハレとケ

こうしたトピックはいずれも世相の一面を表わしている。そしてその基底には都市生活者の心意が横たわっていることが分かる。そこにみられる民俗的要素を発見することが、「都市民俗」を研究する一つの方向である。

以上のような都市のフォークロアは、いわば都市からにじみでてくるモチーフによって構成されている。しかし、まだその全体像はつかみきれるにいたってはいない。ただいえることは、都市のなかで語られるフォークロアには、なんらかの形で都市にとっての異物という要素を伴っている特色がある。異物を「ケガレ」にあてはめて説明することは可能であろう。

たとえば年中行事の節分は、立春の前日にあたる。その夜から新たな時間がはじまる。だから旧年にたまっていたケガレはその時点で消滅させなければならない。豆まき行事で年男が豆をまくのは、年男が司祭者に位置づけられているからである。とくに年男として厄年の者がそれに当たるという地域は多い。厄年は死とか苦労などの語呂合わせによって気にされる以上に、その時間が人生の折り目にあたっている。そこで心身のケガレすなわち災厄がたまりやすい傾向のある年代の者にとっては、きわめて真実味のあるものである。

一方都市の祭りを含めた分析概念として神崎宣武が「ケハレ」の概念を提出して、都市に典型的な盛り場を分析の対象としているのは興味深い（神崎宣武『盛り場の民俗史』岩波新書、一九九三年）。

都市生活においては、明らかにハレとケの要素が混在している。生活者ひとりひとりの日常のなかに、昼と夜、あるいは公と私の時間によってハレとケがめまぐるしく転換する場合がある。また、場所によっては、ハレとケの要素が交差する。繁華街や飲食街の場がそうである。そこに出向いた客にとってはハレであるが、その場で働く人にとってはケの状態なのである。

そこでハレとケの組合せについての再考が必要となった。とりわけ盛り場は「ケハレの空間」と認識される。盛り場の特徴は商業空間にある。商業が成り立つのは、そこに一定の人出があるからであり、人口密集地域を背景にしないかぎり成立しないわけである。

盛り場がなくては日常生活が成り立たないわけではない。しかし、人口が密集する場所には自然と盛り場が発生している。そして、盛り場は、都市を構成する不可欠な要素となっている。だから神崎の指摘のように盛り場を通して都市生活者の心意を探っていく必要が十分あるのである。

さて都市の活力を支える住民心意を考えるにあたって、都市の場所性が重要である点はこれまで指摘した通りである。

場所性には、当然地形が大きな影響を与えている。谷や坂、川や台地の微地形、それは、人間の観察範囲には十分入るが、ふつうの地形図では表現されない地形である。その場所は固有に示す力が秘められているという考え方が前提としてある。それは建築学や都市計画論の中に生かされている。たとえば土地霊というような土地に潜む「気」の存在を重視する立場もある。このことは建築儀礼をみると明らかで、たとえば建築にあたって地鎮祭だけは欠かすことはできない。すなわち土地霊が建物を建築する土地を支配しているという潜在意識にもとづくからである。ということは、都市全体から一つの町、そして一区画の敷地に至るまでそこにさまざまな土地霊が存在しており、それにもとづいて都市空間に序列が与えられているという観点に至るのである。こうした状況が景観として表面化しているのが、境の空間にあたる坂や辻、橋の周辺に祀られる数多くの小祠や、産土神《うぶすな》である町の鎮守神、あるいは墓地に接する寺院などの配置なのである。

さて都市には、密集した家並みの間にかならず広場が設けられている。広場を中心に都市独自のイベントが実施される。広場は辻に当っており、橋のたもと、橋上・河原などの水辺に集中する必然性がある。辻には、さまざまの人とモノとが集中し、独自の場所が成立する。都市にとってそれは表の顔であり、公的な場でもある。華やかな面が印象的であり、明るくつねに繁栄している都市の情景が展開する。ひとたび広場の祝祭空間に没入すれば、そこには明らかに精神の自由な発現をつかの間でも感じることができる。一時的な興奮と、体験に浸ることによって、日常的なケの時間と空間から決別する。しかし同時に都市におけるハレとケのあまりの懸隔差に人々は驚くのである。ここでは一見してハレとケは対立しているようにみえる。両者は異質なものとして、相容れないようにさえみえる。

一方都市のケガレを排除することは、都市空間をキヨメることである。都市の繁栄はそうした都市の浄化作用によって支えられている。都市の日常から必然的に生まれたさまざまな行事、祭りやイベントは、大なり小なり都市の自浄作用を果たす役割をもつものといえる。

都市独自の祭祀

都市の祭りはこうした盛り場で行われる祭礼あるいは祭事が中心となっていた。都市独自の生活環境が生み出した夏祭りには、必ず風流化の要素が伴っている。夏祭りは、川に沿って発展した都市空間の浄化作用を基本にもっているといえる。多くの都市は水辺に成立しているが、人口過密のため、川辺にしばしば災厄が発生したからである。

旧六月の牛頭《ごず》天王を祀る夏祭りの場合、水辺で水神を鎮め災厄を払うという意図から、ミソギ・ハラエが儀礼の中心となる。水辺で神輿が洗われたり、水中に若者たちが飛び込むのも、ミソギの変化した形である。

祭り分析の指標として夏祭りの場合は、ミソギとハラエの要素が強い。一方、冬・春祭りの場合には、ミソギとコモリの要素が、表出しているという特徴がある。祭りはハレであり、日常生活のケと対比するものと理解されてきた。折口信夫は、ハレはハラウ（祓う）要素から顕在化したことを指摘している。祭りにおいてコモル後にハラウ、またミソギしてハラウという祭りの時空間の有機的関連性があることもたしかである。そこで都市空間に累積したケガレの状況を除去する操作が、都市の祭りとしてとらえられるのである。それを民俗的思考から説明するならば、「ハラエ」の行為となる。都市民俗としては、「ケガレ」と「ハラエ」のセットが、農村における「ハレ」と「ケ」にかわって登場したといえるだろう。別言するなら、ケガレとハラエがクローズアップされている状況が、都市の祭りのあり方といえる。

ハラエの行為は、ケガレの状態を浄化した状態に戻すための一つの手段である。それは、悪しきものを善なる状態に転換する方法なのである。すなわち災厄を吉祥へ、凶を吉にかえる行為である。

こうしたハラエの方法を発達させたのは、平安時代以後に広まった陰陽道《おんみょうどう》であった。神道も仏教もハラエの方法を持ってはいたが、陰陽道が発達することによって、さらにその技術と知識がとりいれられて増幅したのである。

こうした陰陽道の民俗化した知識が「都市民俗」を考えるうえで、きわめて重要な要素なのである。ここ一〇年来、各地で祭りの復活、祭事の新設といった話題がでている。現代都市の祭りの民俗は、都市生活者によって支えられており、それはきわめて人為的に演出されているのである。

かつてドイツの民俗学者バウジンガーは、フォークロリズムの概念を提唱した。これは近現代の市町村で行われているさまざまな行事は、はるか以前に原初的な型を改変させて伝承させているものだとする考え方である。日本の民俗学者がひたすら古風な型のみを追いかけていてもその目的は達せられないとする見解になる。京都の牛頭天王の祇園系の祭りは水辺の悪疫払いの祭りとして成立したが、今や観光のシンボルとなって山車・鉾などがくり返し改変され、いっそう華美の様相を呈していることは、都市の発展と軌を一にするものといえる。つまり華麗さを誇り、風流化したことは、一種のフォークロリズムなのである。都市の祭りは、つねに都市民のハレ願望にもとづき、何度も再編成が加えられ、趣を異にしながら展開していく。そして変貌をくり返す様相が、その時代の世相の反映として興味深いのである。

都市の祝祭はフォークロリズムとしてとらえられることにより、かえって現代の祭りとして生きてくる。つぎつぎと添加したり消去される祭りの道具立てが、いわばケガレを排除するための都市生活者の心意の集結とみなされてくるからである。

そこには、伝統的な日本人の集合心性というべきものの存在が発見されている。しかし都市の祭りは、古い祭りのコピーで終わるものではない。創造的に変容することを、祭りを支える地域住民とくに都市生活者の生きざまと関わらせながら考えていかねばならない。都市の祭りが現代の民俗文化の主要素になっていることは明らかである。それは都市民俗論と不可分に関連していることが重要なのであり、今後こうした分野の成果はさらにすすむものと予想されよう。

あとがき

一九五八年（昭和三三）、大学三年生の夏に、はじめて対馬を訪れた。離島振興協議会が主宰するサマースクールの講師に雇われ、約二週間ほど純朴な対馬の高校生とつき合ってから、約一〇日間対馬の島内を歩いた。あのころはすでに九学会連合による総合調査が行われた後であり、報告書も刊行されていた。私は三品彰英・和歌森太郎といった大家たちの対馬の天道信仰に関する論文に魅力を覚えていたから、対馬で直接天道の聖地にめぐり合えた興奮は今も忘れられない。異様な累石壇をこんもりとした樹々が囲み、社の原初的なスタイルを彷彿とさせている。対馬と壱岐の島々には、このほかシゲ地とかヤボサなどとよばれる聖地が点在していたが、こうした特異な民俗宗教が朝鮮半島との境界の海に浮かぶ島々に分布していることの意味づけについては、当時まったく無知のままで終わっていた。

のちに玄界灘に面した宗像郡福間町に住む石井忠の漂着物の研究を知り、玄界灘や対馬灘に日本列島を洗う黒潮の一方の流れが貫いている事実を学び、太平洋沿岸部を北上する黒潮文化との対比に思いをめぐらしたこともある。

海の彼方に観念的な異界が現実にも存在するという合理的思考は、日本人の精神史のなかに位置づけられている。柳田国男や折口信夫、谷川健一らの海彼世界への想像もまた、黒潮のルーツにさかのぼっていたことは周知の通りである。したがってもっぱらその視線は南島の方角に向かっていた。さまざまな漂流物が列島を目指してやってくることから、南方に発する海上の道の構想が成り立ち、それが晩年期の柳田民俗学の基調となった。しかし柳田の「海上の道」は主として言語学や考古学の立場から否定されるにいたったが、黒潮文化と一括されるものがもたらした価値は依然大きな意味をもっている。一九八〇年代後半から歴史学には海と列島文化との深い関わりを論ずる論調が強まった。網野善彦らの唱導する海民・漁民の中世史上の活躍が、東アジアを舞台に際立ったこともさることながら、さらに渡辺忠世や佐々木高明が、柳田の「海上の道」を念頭に置きつつ、新たに「新海上の道」を唱え出したこと、これと軌を一にして、森浩一らによる考古学上の遺物から提示された「貝の道」の知見も刺激となった。総じてここに展開した海の視点は、広く学際的分野から論じられる性格があるが、それぞれの学問的立場からのアプローチの差異は当然生じている。

柳田民俗学が海上の道で提示したキーワードは、漂着物・宝貝・稲魂・白米などであった。これらを通して、いきなり日本人のルーツにテーマが及んだところによきにつけあしきにつけ論議が生じた。しかし「海上の道」の展開は、私にとっては起源論に導かれるよりも、日本の民俗文化史の流れにそう課題の設定がいろいろと可能な知見に満ちあふれていたのである。

前記「新海上の道」が提示されたとき、それが黒潮の起点に対面しているインドネシアやフィリピンの地域と深層の部分でつながりをもつ文化圏の存在が予想された。それは具体的には畑作農耕技術とブル稲とよばれるジャポニカ系の赤米を象徴とする文化である。これは日本の民俗文化のうち畑作農耕文化の系統論に連なるものであり、柳田の「海上の道」ではむしろ軽視されていたものである。水田稲作＝白米中心からしだいに畑作農耕＝イモ・小豆などを相対化する視点が生じ、ここに民俗学上の坪井洋文の成果が明らかとなってきた。

本書の「海からの視点」は、そうした「新海上の道」から予見される民俗文化論の可能性をとらえ直したものである。ここで海の視点というのは、たとえば海民（海女・海士）や漁民の生活史を考えるという主題が一方にあるが、しかし本書では、こうした黒潮の流れにそって、一方は太平洋沿岸から鹿島灘に向かい、他方は北九州の対馬・壱岐の国境の海にいたる範囲にみられる民俗事象を対比的にとり上げて論じた。そして「黒潮と民俗」と「国境の海から」でそれらのもつ民俗文化史としての意義を考えようとした。こうした海の視点の端緒となったのは、海の彼方よりくる漂着物である。とりわけそのなかの異形・異人の存在は、かつて海辺の人々の想像力を駆り立てたのである。私はたまたま列島沿岸部に漂着する異形のなかで、怪獣のイメージをもつ漂着物のフォークロアに注目したとき、竜・蛇・亀を含めて大鯰にもそれがあてはまると考えた。そして大都市江戸に生まれた鯰絵の主題として、実は海彼より来訪した怪獣による都市の破壊と世直しというモチーフがあることに気づいた。

そこで海から都市へという視線を定めたのは、きわめて恣意的な見方かと思うが、海から来訪する怪獣が都市をターゲットにしているという点から民俗学による都市論を展開させたのである。そして、そうした都市の崩壊の前提として都市の病める精神が内包する不安感にもとづいた、いわゆる「都市民俗」の視角を定めようとした。

さて、本書の「歴史と民俗のあいだ」という表現であるが、これは、故和歌森太郎・桜井徳太郎といった恩師たちがしばしば用いたものである。歴史学でもなく民俗学でもないという立場は、あいまいとして時には歴史学となり時には民俗学ともなる。近年の歴史学の潮流は、民俗資料をふんだんに用いることによって生活史・心性史の分野を大幅に拡大している現況にある。民俗学は現代の民間伝承を基点として倒叙的歴史を再構成する志向をとることに特徴がある。歴史的世界と民俗的世界は両者交錯しながら綾をなしている。歴史と民俗のあいだをなるべく縮めて行きながら、そこに新たな意義をもつ心意の領域を拡大してみたいという気持がある。「歴史と民俗のあいだ」はたしかにあいまいとした印象を与えているが、自由な想像力を駆り立てる第三の領域になるのかもしれない。さらに本書は「海と都市の視点から」という中途半端なサブタイトルを付している。これはここ数年にわたって考えてきた思考のしからしめるところであった。たとえば、何となく海を見る。水平線の彼方か海底の方か、何かがたちのぼる気配を感じることがある。それが異形の存在として出現して、私たちの住む都市をターゲットに仕掛けてくる。そんな妄想を感ずることが共通の心意として成り立つかもしれないというのが、本書の主旨でもある。

なお、本書のベースには、構想全体として「日本民俗論——海からの視点——」（岩波講座

『日本通史』一、一九九三年）がある。これを軸にして「黒潮の民俗文化」（『海と列島文化』七、小学館、一九九〇年）、「国境の民俗文化」（『海と列島文化』三、小学館、一九九一年）、「都市民俗学からみた鯰信仰」（『鯰絵——震災と日本文化——』里文出版、一九九四年）などから再構成し直した。それぞれは、本書の主題に合わせて改稿した部分が多いことをお断りしておきたい。また都市論については、これまでもあちこちで発表した部分が重複している点をお許しいただければ幸いである。

最後に、本書を成すにあたって、吉川弘文館の大岩由明・杉原珠海両氏にいろいろとお世話になったことを記し感謝したい。

一九九六年九月

宮　田　　登

著者紹介

一九三六年、神奈川県に生まれる
一九六〇年、東京教育大学文学部史学科卒業
現在神奈川大学教授、旅の文化研究所所長

主要著書
ミロク信仰の研究　江戸のはやり神　妖怪の民俗学　ケガレの民俗誌　民俗神道論

歴史文化ライブラリー
2

歴史と民俗のあいだ
海と都市の視点から

一九九六年一一月一〇日　第一刷発行
一九九七年 二月二〇日　第二刷発行

著　者　宮《みや》田《た》　登《のぼる》

発行者　吉川圭三

発行所　株式会社 吉川弘文館
東京都文京区本郷七丁目二番八号
郵便番号一一三
電話〇三―三八一三―九一五一〈代表〉
振替口座〇〇一〇〇―五―二四四

印刷＝平文社　製本＝ナショナル製本
装幀＝山崎　登（日本デザインセンター）

歴史文化ライブラリー

1996.10

刊行のことば

現今の日本および国際社会は、さまざまな面で大変動の時代を迎えておりますが、近づきつつある二十一世紀は人類史の到達点として、物質的な繁栄のみならず文化や自然・社会環境を謳歌できる平和な社会でなければなりません。しかしながら高度成長・技術革新にともなう急激な変貌は「自己本位な刹那主義」の風潮を生みだし、先人が築いてきた歴史や文化に学ぶ余裕もなく、いまだ明るい人類の将来が展望できていないようにも見えます。このような状況を踏まえ、よりよい二十一世紀社会を築くために、人類誕生から現在に至る「人類の遺産・教訓」としてのあらゆる分野の歴史と文化を「歴史文化ライブラリー」として刊行することといたしました。

小社は、安政四年(一八五七)の創業以来、一貫して歴史学を中心とした専門出版社として書籍を刊行しつづけてまいりました。その経験を生かし、学問成果にもとづいた本叢書を刊行し社会的要請に応えて行きたいと考えております。

現代は、マスメディアが発達した高度情報化社会といわれますが、私どもはあくまでも活字を主体とした出版こそ、ものの本質を考える基礎と信じ、本叢書をとおして社会に訴えてまいりたいと思います。これから生まれでる一冊一冊が、それぞれの読者を知的冒険の旅へと誘い、希望に満ちた人類の未来を構築する糧となれば幸いです。

吉川弘文館

〈オンデマンド版〉
歴史と民俗のあいだ
海と都市の視点から

歴史文化ライブラリー
2

2017年（平成29）10月1日　発行

著　者　宮《みや》田《た》　登《のぼる》
発行者　吉川道郎
発行所　株式会社　吉川弘文館
〒113-0033　東京都文京区本郷7丁目2番8号
TEL　03-3813-9151〈代表〉
URL　http://www.yoshikawa-k.co.jp/

印刷・製本　大日本印刷株式会社
装　幀　清水良洋・宮崎萌美

宮田　登（1936～2000）

ISBN978-4-642-75402-6